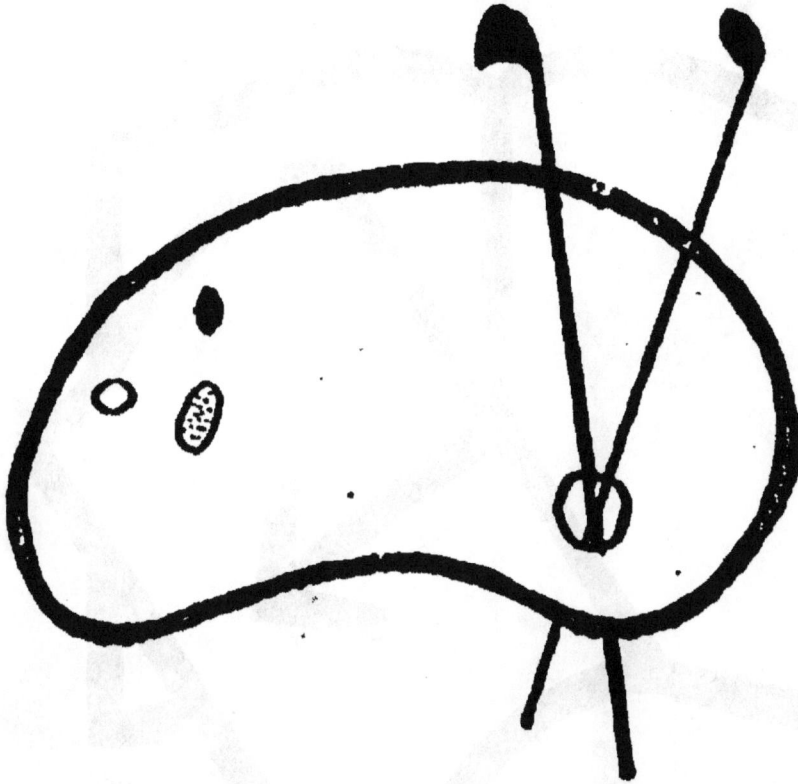

DEBUT D'UNE SERIE DE DOCUMENTS
EN COULEUR

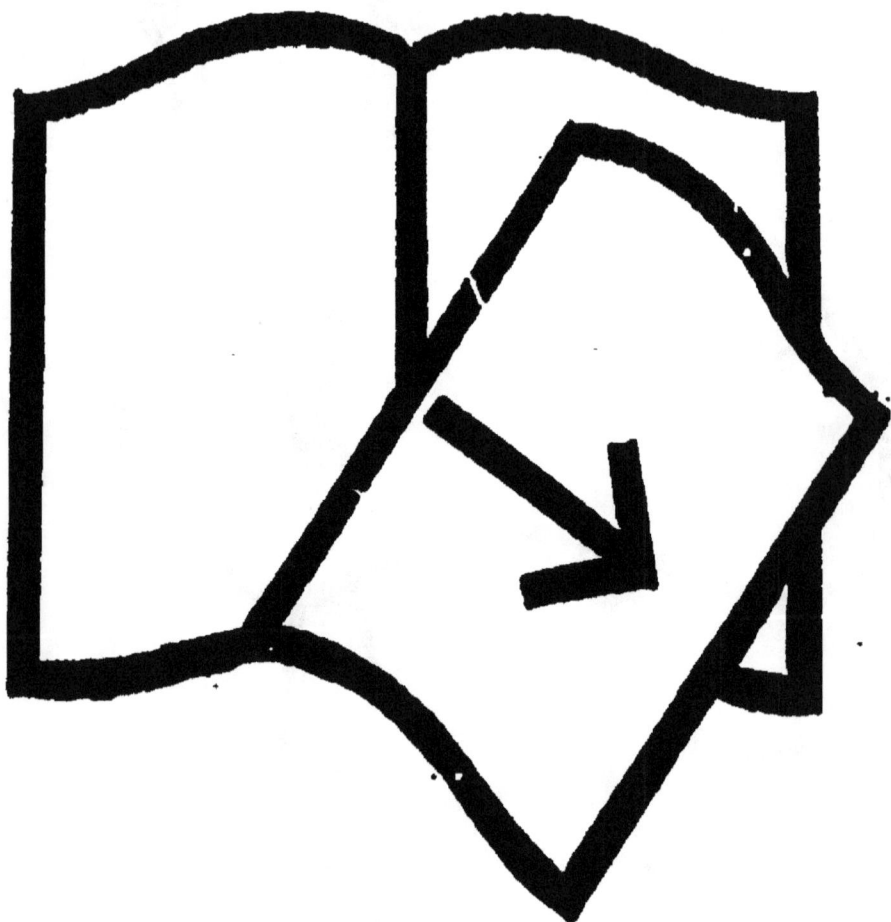

Couverture inférieure manquante

BLICATIONS DU JOURNAL L'ÉCLAIR

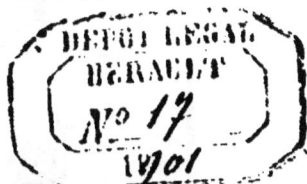

LE

RÉGIME DES BOISSONS

ET LA

LOI DU 29 DÉCEMBRE 1900

MANUEL DU RÉCOLTANT — BOUILLEUR DE CRU — DÉBITANT
MARCHAND EN GROS
BRASSEUR ET DISTILLATEUR DE PROFESSION

PAR MM.

Louis VALLAT
BATONNIER DE L'ORDRE DES AVOCATS
A MONTPELLIER

Henry VALLAT
AVOCAT PRÈS LA COUR D'APPEL
DE MONTPELLIER

MONTPELLIER

AUX BUREAUX DE L'ÉCLAIR, JOURNAL QUOTIDIEN DU MIDI
3, Rue Réval, 3

1901

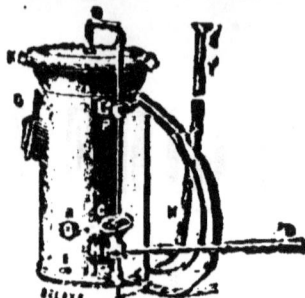

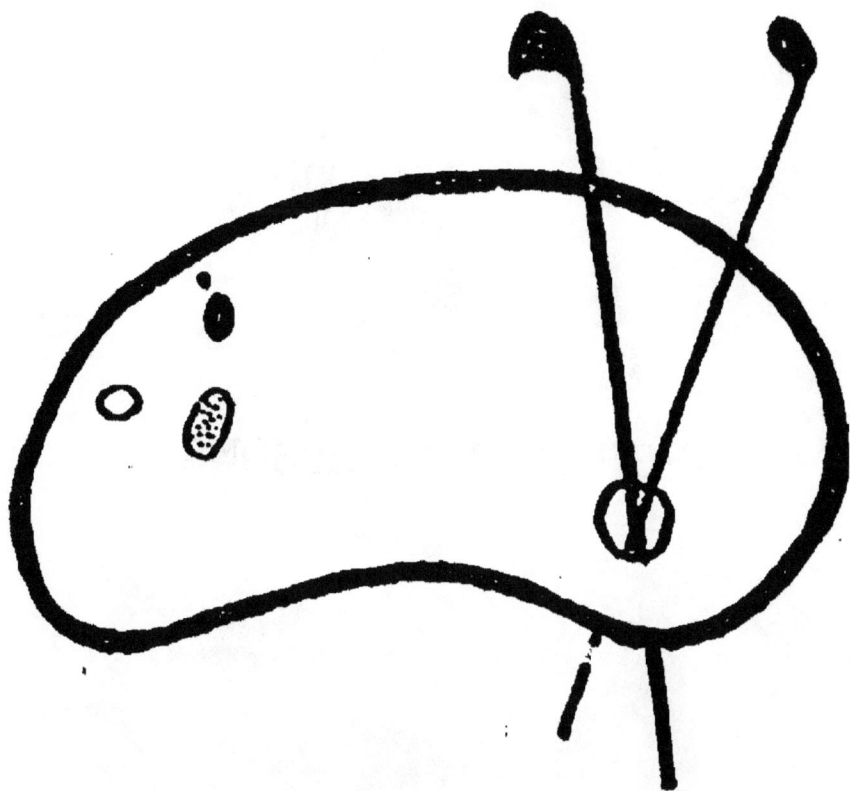

FIN D'UNE SERIE DE DOCUMENTS
EN COULEUR

LE RÉGIME DES BOISSONS

PUBLICATIONS DU JOURNAL L'ÉCLAIR

LE

RÉGIME DES BOISSONS

ET LA

LOI DU 29 DÉCEMBRE 1900

MANUEL DU RÉCOLTANT — BOUILLEUR DE CRU — DÉBITANT
MARCHAND EN GROS
BRASSEUR ET DISTILLATEUR DE PROFESSION

PAR MM.

Louis VALLAT

BATONNIER DE L'ORDRE DES AVOCATS
A MONTPELLIER

Henry VALLAT

AVOCAT PRÈS LA COUR D'APPEL
DE MONTPELLIER

MONTPELLIER

AUX BUREAUX DE *L'ÉCLAIR*, JOURNAL QUOTIDIEN DU MIDI

3, Rue Levat, 3

—

1901

MONTPELLIER. — IMPRIMERIE DU JOURNAL « L'ÉCLAIR »

LE
RÉGIME DES BOISSONS

ET LA

LOI DU 29 DÉCEMBRE 1900

OBSERVATIONS PRÉLIMINAIRES

1. Depuis la fin du XVIII° siècle, tous les gouvernements qui ont dû faire appel à la bourse des contribuables pour alimenter le budget et procurer au Trésor les ressources nécessaires aux charges nouvelles, ont recouru principalement à l'impôt indirect.

Les économistes ont répété à satiété que l'impôt indirect est, de tous, le plus équitable, parce qu'il atteint tous les contribuables indistinctement dans la proportion de leur consommation, et respecte, par là même, la liberté de chacun de s'y soustraire, en pratiquant la sobriété et l'épargne quant à l'objet imposé.

Ce raisonnement, comme toutes les raisons spéculatives, est très légitime en théorie, mais il se heurte dans la pratique, quand il est poussé à ses conséquences extrêmes, sans discernement, à des inconvénients qui feraient douter de sa rectitude. Vrai pour les objets de luxe et de pure vanité ou fantaisie, il devient exorbitant quand il s'applique à des denrées alimentaires qui sont reconnues d'utilité générale et de consommation journalière ; les fâcheux effets de son application retombent lourdement sur la classe pauvre, que ses modestes ressources réduisent à se priver d'un objet de première nécessité ; ils affectent la classe aisée, qui soustrait aux dépenses somptuaires tout l'excédent de déboursés que lui occasionnent les impôts sur les objets d'alimentation : de là, une répercussion générale sur l'industrie et le commerce.

On n'impose pas le blé, le pain, la viande ou les légumes, et en imposant outre mesure les boissons d'un usage courant on paraît ignorer que l'alimentation humaine est en partie double, à la fois liquide et solide ; que l'eau des fontaines ne suffit pas à assurer l'alimentation liquide, sous peine d'anémier les tempéraments, et que les boissons hygiéniques entrent pour une grande part dans la satisfaction des besoins de notre économie.

2. Quoi qu'il en soit, on demanda toujours aux boissons les ressources dont on avait un urgent besoin, à raison des facilités de perception que présentait l'organisation du personnel des employés de la Régie, et l'on exagéra tellement les charges que l'on arriva, dans bon nombre de villes, à une perception d'impôts qui entravaient la consommation. Ces dernières, en effet, avaient suivi le Trésor dans la voie indiquée, en surchargeant les boissons à leur profit ; et les boissons, surtout les vins, eurent à supporter un tribut qui dépassait souvent leur valeur intrinsèque. Les boissons furent les plus sacrifiées de toutes les productions nationales et la consommation en était arrêtée dans son développement.

Comme il arrive toujours, l'esprit de fraude, aiguisé par le désir d'un gain facile et illicite, menaça par les falsifications et les fabrications artificielles ou clandestines de tarir la source des revenus publics, et porta un coup funeste à l'écoulement d'un produit dont l'énergique et intelligente persévérance des viticulteurs, luttant contre tous les fléaux réunis, accroissait tous les ans les quantités mises à la disposition des consommateurs.

Vainement, depuis plusieurs années, avait-on édicté des lois destinées à réprimer les fraudes et la fabrication artificielle : on n'obtenait aucun résultat appréciable et on n'arrivait qu'à démontrer l'inefficacité de tous les palliatifs, impuissants à lutter contre les inévitables conséquences des lois économiques qui régissent la production et le commerce dans toutes les nations. Des esprits réfléchis ne cessaient de signaler le danger en réclamant l'exonération totale ou partielle des boissons comme un moyen de l'éviter.

Toutefois, une distinction s'imposait entre les boissons hygiéniques, comme le vin, la bière et le cidre, et l'alcool, boisson de luxe, devenant aisément nuisible à la santé publique par l'abus qui en était fait, abus favorisé par son volume restreint et sa richesse intrinsèque.

Depuis vingt ans, la question était à l'étude ; les agriculteurs en attendaient la solution avec impatience ; leurs plaintes si fondées et leurs récriminations légitimes restaient sans écho, quand, enfin, la loi du 29 décembre 1900, votée avec une rapidité et une précipitation auxquelles nos législateurs ne nous ont pas habitués, est venue, à l'aurore du nouveau siècle, nous annoncer que les vœux du public français étaient en voie de réalisation.

3. Nous allons examiner ce qui nous paraît fondé dans les espérances qu'a fait naître la nouvelle table de la loi, et les conditions d'application de ses dispositions dans l'état d'une législation antérieure qui n'a été qu'imparfaitement abrogée, qui est broussailleuse et hérissée de difficultés.

L'article 18 de la nouvelle loi indique, en effet, d'une façon sommaire que « sont maintenues les dispositions des » lois en vigueur qui ne seront pas contraires à la présente » loi. » Il faut donc, pour se rendre un compte exact de la portée d'application de la nouvelle législation, examiner quels sont les textes antérieurs, non désignés par le législateur, qui restent encore en vigueur, les combiner avec les dispositions édictées récemment, voir dans quelle mesure ils ont été partiellement abrogés.

4. L'exonération complète de droits sur les boissons eût certainement simplifié toutes choses ; mais, comme le sage antique, il faut savoir se contenter de peu, et en fin de compte, un grand pas semble avoir été fait dans le sens de la simplification de notre système fiscal sur les boissons hygiéniques.

5. En présentant ce travail succinct, nous avons dû renoncer à adopter la méthode du commentaire par articles de la loi. C'eût été conserver l'obscurité résultant du désordre des idées dont elle est empreinte, et qui n'est point un effet de l'art, et augmenter encore cette obscurité.

Les matières traitées par le législateur s'enchevêtrent, et il faut chercher dans des articles éloignés les uns des autres les prescriptions afférentes à un même objet. Aussi, avonsnous préféré suivre l'ordre logique des sujets traités en indiquant, pour chacun d'eux, les prescriptions précédentes qui les régissent et en les harmonisant avec les prescriptions nouvelles. Ce sera, nous l'espérons, le meilleur moyen de fixer chacun sur ses droits et ses devoirs envers le fisc, pour vivre en règle avec la Régie, et lui conserver ainsi la sécurité et la tranquillité que les lois doivent assurer et que tout le monde recherche.

Nous étudierons le régime des boissons hygiéniques et des alcools au double point de vue de leur production et de leur vente ; nous passerons en revue les libertés accordées aux producteurs, les impôts et les assujettissements des intermédiaires, ainsi que les impôts qui grèvent ces derniers tant à raison de leur qualité de commerçants que des marchandises qu'ils vendent, impôts corrélatifs aux charges qui pèsent sur la propriété foncière et les agriculteurs.

Nous aborderons particulièrement, ensuite, l'étude des spiritueux dont les charges ont été aggravées et des entraves apportées à leur fabrication chez le producteur, que l'on prive partiellement du droit naturel de transformer ses produits pour en tirer le meilleur parti possible, et cela, dans le but de sauvegarder les droits du fisc d'une part, et, aussi dans celui de protéger le propriétaire récoltant contre la concurrence désastreuse des circulations frauduleuses, aussi nuisibles à l'intérêt général qu'à l'intérêt privé.

La loi du 29 décembre 1900 n'est pas une loi organique de la matière, elle est incomplète, elle ne renferme point le régime entier des boissons, qui restent toujours réglementées par la loi du 18 avril 1816 avec les modifications postérieures qui sont survenues.

6. Voici le texte de la loi du 29 décembre 1900.

Loi du 29 décembre 1900

Suppression de droits

ARTICLE PREMIER. — Les droits de détail, d'entrée et de taxe unique, actuellement perçus sur les vins, cidres, poirés et hydromels, sont supprimés.

Droits sur la bière

Le droit de fabrication sur les bières est abaissé à vingt-cinq centimes (0 fr. 25) par degré-hectolitre.

Droits sur les vins

Les vins, cidres, poirés et hydromels restent, quelle que soit la quantité, soumis au droit général de circulation, dont le taux, décimes compris, est fixé uniformément à un franc cinquante centimes (1 fr. 50) par hectolitre pour les vins, à quatre-vingts centimes (0 fr. 80) par hectolitre pour les cidres, poirés et hydromels.

Crédit des droits supprimé aux débitants

Ce droit s'étend aux quantités expédiées aux débitants.

Droits sur les vendanges fraîches

Les vendanges fraîches circulant hors de l'arrondissement de récolte et des cantons limitrophes en quantités supérieures à 10 hectolitres sont soumises aux mêmes formalités à la circulation que les vins et passibles du même droit, à raison de deux hectolitres de vin par 3 hectolitres de vendange.

Droits sur les alcools

Le droit de consommation sur les eaux-de-vie, esprits, liqueurs, fruits à l'eau-de-vie, absinthes et autres liquides non dénommés est fixé à deux cent vingt francs (220 francs) par hectolitre d'alcool pur, décimes compris.

Tarif des licences

Les licences des débitants et marchands en gros de boissons, des brasseurs, des bouilleurs et distillateurs sont réglées conformément au tarif ci-après :

(Voir ci-contre.)

Commerçants de boissons exerçant plusieurs professions

Le commerçant de boissons qui, exerçant plusieurs professions dans son établissement, est assujetti au droit fixe de patente pour une profession qui ne comporte pas la vente de boissons, doit la licence de la classe qui correspond à la patente dont il serait redevable pour son commerce de boissons, s'il n'exerçait que cette seule profession.

Propriétaires et marchands en gros, ou débitants et commerçants non patentés

Les propriétaires vendant exclusivement les boissons de leur cru, et les autres commerçants de boissons qui ne seraient pas passibles de la patente sont, pour l'application de la licence, classés par assimilation d'après la nature de leurs opérations.

| | DROIT DE LICENCE PAR TRIMESTRE EXIGIBLE DANS LES COMMUNES DE | | | | | | | |
CATÉGORIES D'ASSUJETTIS	Toutes caté- gories	500 habitants et au-dessous	501 à 1.000 habitants	1.001 à 4.000 habitants	4.001 à 10.000 habitants	10.001 à 20.000 habitants	20.001 à 50.000 habitants	50.001 à 100.000 habitants	100.001 habitants et au-dessus
	fr. c.	fr. c.	fr. c.	fr. c.	fr. c.	fr. c.	fr. c.	fr. c.	fr. c.
1° Débitants lors-qu'ils sont ran-gés pour l'ap-plication des droits de pa-tente. { 7e et 8e classes	»	5 »	6 »	7 50	11 25	15 »	18 75	21 25	25 »
6e classe	»	5 50	7 »	8 75	12 50	17 50	21 25	26 25	31 25
5e classe	»	6 25	8 »	10 »	15 »	20 »	25 »	30 »	37 50
4e classe	»	11 25	15 »	17 50	26 25	35 »	43 75	52 50	65 »
1re, 2e, 3e classes	»	18 75	25 »	30 »	45 »	60 »	75 »	90 »	112 50
dans un autre tableau	112 50	»	»	»	»	»	»	»	»

2° Marchands en gros . . . .
{ 50 » — Lorsqu'ils ne vendent pas annuellt plus de 100 hectol. d'alcool ou plus de 1.000 h. de vins, ou de 2.000 h. de cidre ou poiré.
{ 75 » — Lorsqu'ils vendent annuellt de 101 à 250 hectol. d'alcool ou de 1.001 à 2.500 hect. de vin, ou de 2.001 à 5.000 h de cidre ou poiré.
{ 125 » — Lorsqu'ils vendent annuellt plus de 250 hectol. d'alcool ou plus de 2.500 hect. de vin, ou plus de 5.000 hect. de cidre ou poiré.

3° Brasseurs . . . .
{ 37 50 — Lorsqu'ils ne brassent pas plus de 12 fois par an.
{ 62 50 — Lorsqu'ils ne brassent pas plus de 50 fois par an.
{ 125 » — Lorsqu'ils brassent plus de 50 fois par an.

4° Bouilleurs et distillateurs . . .
{ 10 » — Lorsqu'ils ne fabriquent pas plus de 50 hectolitres par an.
{ 15 » — Lorsqu'ils fabriquent de 51 à 150 hectolitres par an.
{ 30 » — Lorsqu'ils fabriquent plus de 150 hectolitres par an.

Procédure relative aux réclamations

Dans les cas prévus aux deux paragraphes qui précèdent, les réclamations auxquelles donnerait lieu le classement de la profession soumise à la licence seront présentées, instruites et jugées comme en matière de contributions directes.

Débitants dans les communes de plus de 4.000 habitants

Dans les communes de plus de 4.000 habitants, les débitants établis hors de l'agglomération seront imposés au tarif applicable à la population non agglomérée.

Débitants forains

Les débitants extraordinaires ou forains paieront le droit applicable aux communes de 500 habitants et au-dessous.

La licence et les débitants parisiens

A Paris, à défaut de déclaration par le contribuable, l'administration, sans être tenue de recourir aux poursuites correctionnelles prévues par l'article 171 de la loi du 28 avril, aura la facilité d'imposer d'office la licence à toute personne inscrite au rôle des patentes pour une profession impliquant le commerce des boissons.

Dans ce cas, l'imposition aura lieu au moyen d'un rôle rendu exécutoire par le préfet, et les contestations seront présentées, instruites et jugées comme en matière de contributions directes ; elle seront recevables pendant trois mois à partir du jour du paiement du premier terme de la licence de l'année.

Licences municipales

Les maxima des licences municipales instituées par la loi du 29 décembre 1897 et le décret du 16 juin 1898 continueront d'être calculés d'après les tarifs en vigueur avant la promulgation de la présente loi.

Crédit des droits

Art. 2. — Les vins, cidres, poirés et hydromels continueront à circuler sous acquit lorsqu'ils sont à destination de personnes jouissant du crédit des droits, et, en outre, dans les agglomérations de moins de 4,000 habitants, quand ils sont à destination des débitants ; les droits garantis par les acquits en cas de non-décharge sont réduits au double de la taxe de circulation.

Vins des récoltants et rayon de franchise

Pour les transports de vins, cidres, poirés, effectués de leur pressoir ou d'un pressoir public à leurs caves et celliers ou de l'une à l'autre de leurs caves, dans le canton de récolte et les communes limitrophes de ce canton, les récoltants sont admis à détacher eux-mêmes d'un registre à souche, mis à leur disposition et contrôlé par les agents de la régie, des laissez-passer dont le coût est fixé à dix centimes (0 fr. 10) ; les petites quantités transportées à bras ou à dos d'homme circuleront librement.

En dehors des cas prévus aux paragraphes précédents, les vins, cidres, poirés et hydromels ne pourront circuler qu'accompagnés d'un congé constatant le paiement du droit.

Acquits-à-caution de l'alcool. — Recommandation

Art. 3. — Pour les spiritueux, l'obligation de l'acquit-à-caution est étendue à tous les transports à destination des villes d'une population agglomérée de 4,000 habitants et au-dessus et des localités où il existe des taxes d'octroi sur l'alcool.

Les acquits-à-caution accompagnant des spiritueux pourront être recommandés moyennant le paiement d'un droit supplémentaire de cinquante centimes (0 fr. 50) par expédition. Dans ce cas, la responsabilité du soumissionnaire ne demeurera engagée que pendant un délai de quarante jours après l'expiration du délai fixé pour le transport.

Epoque d'exigibilité des droits. — Vins et alcool

Art. 4. — Les droits de circulation et de consommation sur les boissons expédiées sous acquit aux débitants, et le droit de consommation sur les spiritueux expédiés aux consommateurs dans les conditions prévues à l'article précédent doivent être acquittés, savoir :

Dans les localités ayant une population agglomérée de 4,000 habitants et au-dessus ou pourvues d'un octroi, au moment de l'introduction.

Partout ailleurs, dans les quinze jours qui suivront l'expiration du délai fixé pour le transport.

Pour les débitants qui vendent accidentellement des boissons les jours de fête ou de foire, les droits sont exigibles immédiatement.

Suppression partielle de l'exercice et compte des spiritueux

Art. 5. — L'exercice des débits de boissons est supprimé.

Dans les communes où il n'existe pas de surveillance effective et permanente aux entrées, toute personne qui vend en détail des boissons reste seulement assujettie dans ses caves, magasins et autres locaux affectés au commerce, aux visites des employés de la régie, qui pourront effectuer les vérifications et prélèvements nécessaires pour l'application des lois concernant les fraudes commerciales et les fraudes fiscales.

Art. 6. — Dans les mêmes communes, il est tenu, pour les débitants, le même compte de spiritueux que pour les marchands en gros ; les décharges sont établies d'après les enlèvements effectués en vertu d'expéditions et les manquants reconnus lors des vérifications ; les excédents sont saisissables dans les mêmes conditions.

Recensement chez les marchands en gros. — Manquants et excédents

Art. 7. — Lors des recensements effectués chez les
marchands en gros, les quantités de vins, cidres, poirés et
hydromels, reconnues manquantes en sus de la déduction
légale, seront frappées du droit de circulation et, s'il y a
lieu, des taxes d'octroi.

Tout excédent de boissons et spiritueux constaté à la
balance finale du compte donne lieu à un procès-verbal.

Vente au détail par les récoltants

Art. 8. — Tout propriétaire récoltant qui désire vendre
au détail les boissons provenant de sa récolte est tenu d'en
faire préalablement la déclaration au bureau de la régie,
d'acquitter la licence de débitant et les taxes générales et
locales sur les boissons destinées à la vente, et de se soumettre à toutes les obligations des débitants.

Acheteurs de vendanges fraîches pour les vinifier

Toute personne autre qu'un propriétaire récoltant, qui,
en vue de la vente en gros ou en détail, fabrique des vins,
cidres, poirés ou hydromels, est tenue d'en faire préalablement la déclaration au bureau de la régie et d'acquitter la
licence de marchand en gros ou de débitant. Elle doit, de
plus, acquitter les droits immédiatement après chaque fabrication, si la fabrication est destinée à la vente au détail.

Les vendanges expédiées en vue de ces fabrications
pourront être reçues sous acquit-à-caution.

Introduction et fabrication dans les distilleries de boissons et produits à distiller

Art. 9. — Les boissons autres que les spiritueux
introduites sous acquit-à-caution ou fabriquées dans les
distilleries y seront prises en charge, comme matière première à la fois pour leur volume et pour la quantité d'alcool pur qu'elles renferment.

Nul ne peut, en vue de la distillation, préparer des
macérations de grains, de matières farineuses ou amylacées, ou mettre en fermentation des matières sucrées, ni
procéder à aucune opération chimique ayant pour conséquence directe ou indirecte une production d'alcool, sans
en avoir préalablement fait la déclaration au bureau de la
régie.

Des décrets en forme de règlement d'administration
publique détermineront, suivant la nature des industries,
le délai dans lequel cette déclaration devra être effectuée.

Réglementation des bouilleurs de cru

Les bouilleurs de cru qui distillent exclusivement les
produits désignés par la loi du 14 décembre 1875 continuent à être affranchis de la déclaration de leur fabrication, sauf les exceptions prévues à l'article 10.

Art. 10. — Sont soumis au régime des bouilleurs de
profession les bouilleurs de cru qui, dans le rayon déterminé par l'article 20 du décret du 17 mars 1852, exercent
par eux-mêmes ou par l'intermédiaire d'associés la profession de débitant ou de marchand en gros de boissons.

Sont également soumis au régime des bouilleurs de
profession les bouilleurs de cru qui font usage d'appareils
à marche continue pouvant distiller par vingt-quatre heures plus de 200 litres de liquide fermenté, d'appareils
chauffés à la vapeur ou d'alambics ordinaires d'une contenance totale supérieure à cinq hectolitres. Il leur est toutefois accordé une allocation en franchise de 20 litres d'alcool pur par production et par an pour consommation de
famille.

Par dérogation au paragraphe précédent, les alambics
ambulants peuvent avoir une contenance de plus de 5 hectolitres sans que les producteurs qui en font usage perdent
le privilège des bouilleurs de cru.

Les bouilleurs de cru convaincus d'avoir enlevé ou
laissé enlever de chez eux des spiritueux sans expédition

ou avec une expédition inapplicable, indépendamment des peines principales dont ils sont passibles, perdront leur privilège et deviendront soumis au régime des bouilleurs de profession pour toute la durée de la campagne en cours et de la campagne suivante.

Distillateurs ambulants.

Art. 11. — Tout loueur d'alambic ambulant est tenu, indépendamment des obligations qui lui sont imposées par le règlement du 15 avril 1881, de consigner sur un cahier-journal, dont la remise lui sera faite par la régie, le jour, l'heure et le lieu où commence et s'achève chacune de ses distillations, les quantités et espèces de matières mises en œuvre par lui, et leurs produits à la fin de chaque journée. Ce carnet doit être présenté à toute réquisition des employés.

En cas de non-accomplissement des dispositions qui précèdent, le permis de circulation cessera de produire ses effets, et le loueur ne pourra en obtenir un nouveau avant un délai de six mois, et d'un an en cas de récidive.

Détention d'appareils à distillation. — Déclaration obligatoire.

Art. 12. — Tout détenteur d'appareils ou de portions d'appareils propres à la distillation d'eaux-de-vie ou d'esprits est tenu, dans le mois qui suivra la promulgation de la présente loi, de faire, au bureau de la régie, une déclaration énonçant le nombre, la nature et la capacité de ces appareils ou portions d'appareils.

Seront dispensées de cette déclaration les personnes qui auront une licence de bouilleur ou distillateur.

Fabricants d'appareils à distiller. — Déclaration de livraison.

Tout fabricant ou marchand d'appareils propres à la distillation d'eaux-de-vie ou d'esprits est tenu d'inscrire à un registre spécial dont la présentation pourra être exigée par les employés des contributions indirectes, les noms et demeure des personnes auxquelles il aura livré, à quelque titre que ce soit, des appareils ou portions d'appareils. Il devra, de plus, dans les quinze jours de la vente, faire connaître au bureau de la régie de sa résidence le nom et le domicile des personnes à qui ces livraisons ont été faites.

Cette dernière disposition est applicable aux cessions faites accidentellement par des particuliers non commerçants.

Les appareils seront poinçonnés par les employés des contributions indirectes, moyennant un droit de un franc (1 fr) perçu immédiatement.

Essences dangereuses. — Interdiction éventuelle.

ART. 13. — Le gouvernement interdira par décret la fabrication, la circulation et la vente de toute essence reconnue dangereuse et déclarée telle par l'Académie de médecine.

Contraventions. — Pénalités. — Circonstances atténuantes.

ART. 14. — Les contraventions aux prescriptions des articles 4, 6, 7 et 8 de la présente loi sont punies des peines édictées par l'article premier de la loi du 27 février 1872, lorsqu'elles ont pour objet des spiritueux, et par l'article 7 de la loi du 21 juin 1873, lorsqu'elles concernent des vins, cidres, poirés et hydromels.

Les contraventions aux articles 9, 10, 11 et 12 sont punies d'une amende de cinq cents francs (500 fr.) à cinq mille francs (5.000 fr.), indépendamment de la confiscation des appareils et boissons saisis et du remboursement des droits fraudés.

En cas de récidive, l'amende sera doublée.

Les mêmes peines seront applicables à toute personne convaincue d'avoir facilité la fraude ou procuré sciemment les moyens de la commettre.

Les dispositions des articles 222, 223, 224 et 225 de la loi du 28 avril 1816, relatives à l'arrestation et à la détention des contrevenants, sont applicables à toute personne qui aura été surprise fabriquant de l'alcool en fraude, et à tout individu transportant de l'alcool sans expédition ou avec une expédition altérée ou obtenue frauduleusement.

Dans tous les cas, l'article 563 du Code pénal pourra être appliqué en faveur des délinquants, dans les conditions prévues par l'article 19 de la loi du 29 mars 1897.

Alcools dénaturés

ART. 15. — La taxe de dénaturation de 3 fr. par hecto-litre d'alcool pur établie par la loi du 16 décembre 1897 est supprimée. Elle est remplacée par un droit de statisti-que de vingt-cinq centimes (0 fr. 25).

Limitation du sucrage à prix réduit

ART. 16. — Le bénéfice du droit réduit de 24 francs par 100 kilogrammes déterminé par la loi du 27 mai 1887 sera limité aux quantités de sucres bruts ou raffinés employés au sucrage des vins, cidres ou poirés nécessaires à la con-sommation familiale des producteurs et jusqu'à concur-rence d'un maximum de 50 kilogrammes par membre de la famille et domestique attaché à la personne.

Dispositions transitoires. — Alcools et vins

ART. 17. — Dès la mise en vigueur de la présente loi, les commerçants et dépositaires d'alcools établis en tous lieux, Paris compris, seront tenus de déclarer au bureau de la régie les quantités d'alcool existant en leur posses-sion.

Ces quantités seront ensuite reprises par voie d'inven-taire. Les assujettis qui auront chez eux de l'alcool dont les droits ne seront pas acquittés pourront les régler sur la base des nouveaux tarifs, au moyen d'obligations cau-tionnées d'un à trois mois de terme ; les non-entreposi-taires pourront également être admis à présenter, pour l'ac-quittement des taxes complémentaires résultant de l'application des nouveaux tarifs, des obligations dûment cautionnées, lorsque la somme à payer, d'après chaque décompte, s'élèvera à trois cents francs (300 francs) au moins. Les obligations seront souscrites dans les conditions déterminées par la loi du 15 février 1875.

Toute quantité qui n'aura pas été déclarée donnera lieu en sus au paiement d'une amende égale au double des taxes exigibles.

En ce qui concerne les vins, cidres, poirés et hydromels, chez tous les débitants, les droits afférents aux quantités constatées en restes seront immédiatement exigibles, les abonnements étant, pour les abonnés, résiliés de plein droit à la date de la mise en vigueur de la loi.

Textes non abrogés

Art. 18. — Sont maintenues toutes les dispositions des lois en vigueur qui ne sont pas contraires à celles de la présente loi.

———

PREMIÈRE PARTIE

———

LES BOISSONS HYGIÉNIQUES

7. La dénomination de « boissons hygiéniques », quoique ne figurant pas dans la loi, s'applique, d'après les travaux préparatoires et les discussions qui l'ont précédée, aux vins, bières, cidres, poirés et hydromels. Elle a été, d'ailleurs, consacrée avec ce sens précis dans deux lois antérieures : celle du 29 octobre 1897, qui autorisait les communes à supprimer les droits d'octroi sur les « boissons hygiéniques », ou les obligeait à les réduire ; comme aussi la loi du 29 juin 1899, qui avait prorogé les délais d'application de la précédente.

Au point de vue de l'impôt indirect, le législateur a réparti les boissons hygiéniques en trois catégories différemment traitées :

1° Les bières, soumises au simple droit de fabrication ;

2° Les vins ;

3° Les cidres, poirés et hydromels.

Ces deux dernières sont soumises à un droit de circulation d'inégale importance.

Ce sont les charges qui grèvent les boissons considérées en elles-mêmes, indépendamment de celles qui atteignent les personnes qui les fabriquent ou les vendent.

Ainsi disparaissent les droits qui, sous des noms divers, étaient venus se superposer, au cours du dernier siècle, sous le nom de : « droits de détail, d'entrée et de taxe unique » au profit de l'État.

CHAPITRE PREMIER

LES BIÈRES

8. Après le vin, la bière a été la liqueur le plus anciennement en usage. Les Égyptiens, qui en faisaient grande consommation, en attribuaient l'invention à Osiris. Les Grecs, les Espagnols, les Germains, les Gaulois et les peuples saxons la connurent et l'utilisèrent.

La bière est une boisson alcoolique contenant du sucre, de la dextrine, des matières extractives grasses et aromatiques, divers sels, de l'acide carbonique et de l'eau; elle provient de la fermentation des extraits de céréales et de houblon additionnés de fortes proportions de matières sucrées ou glucoses.

« Le droit de fabrication sur les bières est abaissé à 0 fr. 25 par degré-hectolitre », dit le paragraphe 2 de l'article premier de la nouvelle loi. Ce droit était, précédemment, de 0 fr. 50.

La bière, à la différence des autres boissons hygiéniques, est frappée de l'impôt au moment de sa fabrication et proportionnellement à sa valeur et à sa richesse intrinsèques. Cet impôt, ainsi payé dès la fabrication, la circulation de la bière reste affranchie de toute charge, entrave ou formalité autres que celles qui affectent les personnes qui en font le commerce, et le régime de cette boisson est d'une grande simplicité.

Le texte ci-dessus doit être complété par les dispositions de la loi de finances du 30 mai 1899 et du décret du 10 août 1899, qui en a déterminé les mesures d'exécution, et de la loi de 1900 en ce qui touche la licence.

9. Loi du 30 mai 1899

Art. 6. — Le droit de fabrication sur les bières, tel qu'il est établi par la législation en vigueur, est supprimé. Il est remplacé par un droit en principal et décimes de 0 fr. 25 centimes par degré-hectolitre de moût, c'est-à-dire par hectolitre de moût et par degré du densimètre au-dessus de 100 (densité de l'eau), reconnu à la température de 15 degrés centigrades ; les fractions au-dessous d'un dixième de degré sont négligées.

Art. 7. — Sauf le cas prévu à l'article 11 (ci dessous), il ne peut être fait usage, pour la fabrication de la bière, que de chaudières de huit hectolitres et au-dessus. Il est défendu de se servir de chaudières non fixées à demeure.

Brasseurs-distillateurs, visites

Art. 8. — Les brasseurs et les distillateurs de profession sont soumis, tant de jour que de nuit, même en cas d'inactivité de leurs établissements, aux visites et vérifications des employés de la régie et de l'octroi et tenus de leur ouvrir, à toutes réquisitions, leurs maisons, brasseries, ateliers, magasins, caves et celliers.

Toutefois, quand les usines ne sont pas en activité, les employés ne peuvent pénétrer pendant la nuit chez les brasseurs ou distillateurs de profession qui ont fait apposer des scellés sur leurs appareils, ni chez les distillateurs qui auront adopté un système de distillation en vase clos agréé par l'administration ou qui, pendant le travail, muniront leur appareil de distillation d'un compteur agréé et vérifié par l'administration.

Les appareils ne peuvent être descellés qu'en présence des employés de la régie et qu'après que l'industriel a fait une déclaration de fabrication.

Les scellés peuvent, cependant, être enlevés par l'industriel, en l'absence des employés, dans des conditions que déterminera le décret prévu par l'article 14.

Toute communication intérieure entre la brasserie et les bâtiments non occupés par le brasseur ou ceux dans lesquels l'industriel se livre à la fabrication ou au commerce des substances saccharifères (mélasses, glucoses, maltose, maltine, etc., sucs végétaux ou toute autre substance sucrée analogue) est interdite et doit être supprimée.

Art. 9. — Si le nombre total des degrés-hectolitres, applicable à l'ensemble des chaudières ou appareils à houblonner déclarés pour le brassin, dépasse le dixième de la quantité déclarée conformément à l'article 14, l'excédent est soumis en totalité :

1° Au double du droit fixé par l'article 6 de la présente loi s'il est compris entre 10 et 15 % de la quantité déclarée ;

2° Au droit de cinq francs par jour (5 fr.) par degré-hectolitre au-dessus de 15 et jusqu'à 20 % inclusivement de la même quantité.

Un excédent de plus de 20 % à la quantité déclarée suppose une déclaration frauduleuse ; dans ce cas, la totalité des quantités reconnues est imposable au droit de cinq francs (5 fr.) par degré-hectolitre.

Art. 10. — A l'exception des excédents de trempes qui font l'objet du décret prévu par l'article 14 ci-après, toute quantité de moût trouvée en dehors des chaudières à houblonner après l'heure déclarée pour la fin de la rentrée définitive des trempes dans ces chaudières est considérée comme ayant été frauduleusement soustraite à la prise en charge et soumise au droit de cinq francs (5 fr.) par degré-hectolitre, sans préjudice de l'amende édictée par l'art. 16.

Récoltants, fabrication

Art. 11. — Les propriétaires ou fermiers peuvent, sans payer de droits, fabriquer la bière exclusivement destinée à la consommation de leur maison, à condition :

1° De n'employer que des matières provenant de leur récolte ;

2° De faire une déclaration à la régie pour chaque brassin ;

3° De se servir d'une chaudière fixée ou non fixée à demeure, mais d'une contenance inférieure à 5 hectolitres.

La sortie des bières de la maison où elles ont été fabriquées ainsi en franchise est formellement interdite.

Les particuliers, collèges, maisons d'instruction et autres établissements publics sont assujettis aux mêmes taxes que les brasseurs de profession et tenus aux mêmes obligations.

Toutefois, les particuliers et les établissements spécifiés ci-dessus qui n'emploient que des chaudières d'une capacité inférieure à 8 hectolitres sont dispensés de fixer ces chaudières à demeure ; ils sont, en outre exonérés du paiement de la licence.

Les brasseries ambulantes sont interdites.

Bières expédiées à l'étranger ou aux colonies

ART. 12. — Le droit de fabrication est restitué sur les bières expédiées à l'étranger ou pour les colonies françaises.

Ce droit est calculé par degré-hectolitre, d'après le tarif fixé à l'article 6 de la présente loi, en remontant à la densité originelle des moûts des bières exportées.

ART. 13. — Les contestations relatives à la densité des moûts et, en cas d'exportation, à la densité originelle des moûts des bières exportées, sont déférées aux commissaires experts institués par l'article 19 de la loi du 27 juillet 1822 et par la loi du 7 mai 1881.

Obligations des brasseurs

ART. 14. — Un décret déterminera les obligations complémentaires et de détail, ainsi que les déclarations auxquelles sont tenus les brasseurs. Il fixera notamment :

1° Le mode de paiement des droits ;

2° Les conditions d'agencement et d'installation des établissements et des chaudières à cuire et à houblonner ;

3° Les dispositions à prendre pour déterminer le volume et la densité des moûts, ainsi que le nombre minimum de degrés-hectolitres à imposer par brassin, le mode de reconnaissance des brassins et la période pendant laquelle cette reconnaissance pourra être effectuée ;

4° Les prescriptions à remplir par les brasseurs :

a) Pour être exemptés des services de nuit ;

b) Pour obtenir la restitution du droit de fabrication sur les bières exportées ;

5° Les conditions auxquelles seront subordonnés l'introduction et l'emploi en brasserie des mélasses, glucoses, maltose, maltine, sucres végétaux et autres substances sucrées analogues, les bases d'imposition des produits régulièrement employés et des manquants constatés.

Un décret déterminera également les mesures d'exécution de l'article 8 en ce qui concerne les distillateurs et bouilleurs de profession.

Art. 15. — Les actes réguliers inscrits au portatif des bières tenu par les employés des contributions indirectes sont valables même lorsqu'ils ne sont signés que par un seul agent.

Appareils clandestins

Art. 16. — L'emploi d'appareils clandestins, soit pour la saccharification, soit pour la cuisson des moûts, l'existence de tuyaux où conduits dissimulés et non déclarés, sont punis d'une amende de trois mille à dix mille francs (3,000 à 10,000 francs).

En cas de récidive, l'amende est portée au double, et l'usine pourra être fermée pendant une période de six mois à un an.

Les autres infractions aux dispositions des articles 7 à 13 de la présente loi, et du décret qui sera rendu pour son exécution, sont punies d'une amende de mille francs

(1,000 francs), sans préjudice du payement des droits fraudés.

L'article 19 de la loi du 29 mars 1897, relatif à l'admission des circonstances atténuantes, n'est applicable qu'aux dispositions du paragraphe qui précède.

Art. 17. — Les articles 107 et 110 à 137 de la loi du 28 avril 1816, 4 de la loi du 23 juillet 1820, 8 de la loi du 1er mai 1822, 23 du décret du 17 mars 1852 et 4 de la loi du 1er septembre 1871, sont abrogés.

10.   Loi du 28 avril 1816

Art. 109. — Le produit des trempes donné par un brassin ne pourra excéder de plus du vingtième la contenance de la chaudière déclarée pour sa fabrication ; la régie des contributions indirectes est autorisée à régler, suivant les circonstances, l'emploi de cet excédent, de manière à ce qu'il ne puisse en résulter aucun abus.

11.   Loi du 29 décembre 1900

Article premier. — § 2. Le droit de fabrication sur les bières est abaissé à vingt-cinq centimes (0 fr. 25) par degré hectolitre.

§ 6. Les licences des débitants et marchands en gros de boissons, des brasseurs, des bouilleurs et distillateurs sont réglées conformément au tarif ci-après :

37 fr. 50 lorsqu'ils ne brassent pas plus de douze fois par an ;

62 fr. 50 lorsqu'ils ne brassent pas plus de cinquante fois par an ;

125 fr. lorsqu'ils brassent plus de cinquante fois par an.

§ 7. Le commerçant de boissons, qui, exerçant plusieurs professions dans son établissement, est assujetti au droit fixe de patente pour une profession qui ne comporte pas la vente des boissons, doit la licence de la classe qui correspond à la patente dont il serait redevable pour son commerce de boissons, s'il n'exerçait que cette seule profession.

§ 8. Les propriétaires vendant exclusivement les boissons de leur cru et les autres commerçants qui ne seraient pas passibles de la patente sont, pour l'application de la licence, classés, par assimilation, d'après la nature de leurs opérations.

§ 9. Dans les cas prévus au deux paragraphes qui précèdent, les réclamations auxquelles donnerait lieu le classement de la profession soumise à la licence seront présentées, instruites et jugées comme en matière de contributions directes.

§ 10. Dans les communes de plus de 4.000 habitants, les débitants établis hors de l'agglomération seront imposés au tarif applicable à la population non agglomérée.

§ 11. Les habitants extraordinaires ou forains paieront le droit applicable aux communes de 500 habitants et au-dessous.

§ 12. A Paris, à défaut de déclaration par le contribuable, l'Administration, sans être tenue de recourir aux poursuites correctionnelles prévues par l'article 171 de la loi du 28 avril 1816, aura lieu la faculté d'imposer d'office la licence à toute personne inscrite au rôle des patentes pour une profession impliquant le commerce des boissons. Dans ce cas, l'imposition aura au moyen de l'émission d'un rôle rendu exécutoire par le préfet, et les contestations seront présentées, instruites et jugées comme en matière de contributions directes ; elles seront recevables pendant trois mois à partir du jour du payement du premier terme de la licence de l'année.

§ 13. Les maxima des licences municipales instituées par la loi du 29 décembre 1897 et le décret du 16 juin 1898 continueront d'être calculés d'après les tarifs en vigueur avant la promulgation de la présente loi.

12. Décrets. — *Décret du 30 mai 1899 déterminant les obligations complémentaires et de détail auxquelles sont tenus les brasseurs, par application de l'article 14 de la loi du 30 mai 1899.*

Enseigne. — Déclaration préalable

ARTICLE PREMIER. — Les brasseurs de profession sont tenus de faire apposer au-dessus de l'entrée principale de chacun de leurs établissements une enseigne sur laquelle est inscrit, en caractères apparents, le mot « Brasserie ».

Quinze jours au moins avant de commencer leur travail, ils devront faire, au bureau de la régie, une déclaration comportant l'indication du lieu où est situé leur établissement.

Cette déclaration mentionnera en outre la contenance de leurs chaudières (hausses fixes comprises), bacs, cuves et vaisseaux à demeure de toute nature.

Fournitures à la vérification des capacités des vaisseaux

ART. 2. — Les brasseurs fourniront l'eau, les ustensiles et les ouvriers nécessaires pour vérifier par empotement la contenance de ces divers vaisseaux.

Cette vérification sera faite en leur présence par les employés de la régie, qui dresseront procès-verbal du résultat de l'épalement.

Elle ne pourra être empêchée par aucun obstacle du fait des brasseurs. Elle pourra être faite à nouveau toutes les fois que le service le jugera utile.

Sont compris dans l'épalement des chaudières les hausses et couvercles fixés à demeure sur ces vaisseaux jusqu'au niveau d'écoulement.

Les brasseurs sont autorisés à se servir de hausses ou couvercles mobiles qui ne sont point compris dans l'épalement, pourvu qu'ils ne soient placés sur les chaudières qu'au moment de l'ébullition de la bière et qu'on ne se serve point de mastic ou autres matières pour les luter, les soutenir ou les élever.

Les hausses mobiles ne devront pas avoir plus de 1 décimètre de hauteur.

Numéro d'ordre; indication des contenances

ART. 3. — Les chaudières, les bacs et cuves ou vaisseaux à demeure de toute nature reçoivent un numéro d'ordre avec l'indication de leur contenance en litres et de leur destination.

Dans les dix jours qui suivent la signature du procès-verbal d'épalement, ces indications sont peintes à l'huile, soit sur le récipient, soit sur une plaque fixée à proximité, en caractères ayant au moins 5 centimètres de hauteur, par les soins et aux frais du brasseur.

Changements et modifications des appareils

ART. 4. — Il est interdit de changer, modifier ou altérer la contenance des chaudières, cuves et bacs ou d'en établir de nouveaux sans en avoir fait par écrit la déclaration à l'avance, et de faire usage desdits appareils avant que leur contenance ait été vérifiée par le service de la régie.

Le service peut, en tout temps, faire procéder à la recherche des tuyaux, pompes, élévateurs, conduits et récipients clandestins. Si cette recherche a occasionné des dégâts et si elle n'amène aucun résultat, les dégâts seront réparés aux frais du Trésor.

Accessibilité des dépendances de l'usine

Les brasseurs sont tenus :

1° De ménager un accès facile et direct de la porte de l'usine aux appareils de sacharification, cuves-matières, chaudières de cuisson, bâches, bacs rafraîchissoirs et autres vaisseaux analogues, y compris ceux destinés au chauffage de l'eau ;

2° De disposer ces divers vaisseaux de telle sorte, que les

employés puissent en tout temps y prendre des échantillons, soit par un robinet de vidange, soit de toute autre manière agréée par la régie ;

3° De faciliter l'accès de la partie supérieure des chaudières par l'installation d'escaliers ou d'échelles solides, commodes et fixées à demeure ;

4° De placer dans la salle des chaudières à houblonner, à un endroit accessible et convenablement éclairé, une boîte formant tablette, à l'usage des agents de l'administration.

Les ampliations des déclarations y seront conservées jusqu'à la fin de la période de la reconnaissance légale.

Installation apparente des tuyaux, pompes et élévateurs.
Déclarations les concernant

ART. 5. — Les tuyaux, pompes, élévateurs, conduits et caniveaux dans lesquels circulent les moûts, doivent être installés dans des conditions telles, qu'on en puisse suivre de l'œil tout le parcours.

Un numéro d'ordre est donné à chacun de ces tuyaux, pompes, etc. Ce numéro d'ordre doit être peint ou poinçonné d'une manière très apparente auprès de chaque point de raccord.

Aucune ouverture ne doit être pratiquée aux tuyaux, pompes, etc., mentionnés au présent article, sans que le brasseur en ait préalablement fait la déclaration à la recette buraliste.

Le brasseur est tenu de remettre, en double expédition, une déclaration indiquant, pour chacun des tuyaux, pompes, élévateurs, conduits et caniveaux visés ci-dessus, son numéro d'ordre, sa longueur, son point de départ et son point d'arrivée, sa contenance approximative et l'usage auquel il est affecté.

Pour les établissements déjà en exploitation, cette déclaration est remise au chef de service local de la régie, dans le délai d'un mois à partir de la promulgation du présent décret.

Pour les établissements nouveaux, la déclaration sera remise à la recette buraliste en même temps que la déclaration de profession prescrite par l'article 1er précédent.

Les changements ultérieurs seront déclarés vingt-quatre heures à l'avance et feront l'objet d'une note descriptive, qui sera remise en double expédition, en même temps que la déclaration relative à ces modifications.

Bâton de jauge-indicateur

Art. 6. — Chaque chaudière à cuire et à houblonner doit être pourvue soit d'un bâton de jauge gradué, soit d'un indicateur avec un tube en verre d'un diamètre intérieur d'au moins 2 centimètres, accessible sur toute sa longueur et de manière à présenter extérieurement le niveau du liquide.

Le tube indicateur est muni, à sa partie inférieure, de robinets et d'ajutages permettant d'en renouveler le contenu.

Les chaudières où il est fait usage d'un bâton de jauge doivent être munies intérieurement de deux anneaux métalliques rigides fixés à demeure, placés verticalement l'un au-dessus de l'autre et distants d'une longueur au moins égale à la moitié de la hauteur de la chaudière. Un troisième point fixe sera disposé extérieurement sur la même ligne verticale, de manière à assurer le repérage du bâton de jauge.

Le bâton de jauge doit avoir une longueur telle qu'il dépasse d'au moins 1 décimètre le point de repère placé en dehors de la chaudière ; il porte, gravé d'une manière indélébile, le numéro de la chaudière à laquelle il appartient. Il est muni, à son extrémité inférieure, d'une garniture en cuivre, et gradué sur toute la hauteur de la chaudière.

L'échelle de graduation du tube de niveau ou du bâton de jauge est établie d'un côté par décimètres et centimètres, d'un autre côté par hectolitres, d'après les résultats du jaugeage par empotement.

L'agencement des tubes, robinets, ajutages, jauges graduées, devra être agréé par l'administration. Il est interdit d'y apporter aucune modification de nature à en fausser les indications.

Le brasseur est tenu de les entretenir en bon état de fonctionnement et de propreté.

Un délai de deux mois, à compter du jour de la mise en application de la loi du 30 mai 1899, est accordé aux brasseurs pour faire agréer les installations définitives de mesurage exigées par le présent article. Jusqu'à ce que ces installations aient été agréées, les brasseurs seront tenus de fournir aux employés les instruments nécessaires pour leur permettre de reconnaître facilement le vide des chaudières à toutes les périodes de la cuisson.

Fournitures à la vérification des matières

Art. 7. — Les brasseurs sont tenus de fournir le matériel (bascules ordinaires, balances, poids, etc.), ainsi que les ouvriers nécessaires pour que les agents de l'administration puissent vérifier le poids des matières entrant dans la confection des métiers de chaque brassin.

Un bâton de jauge en bois, gradué en centimètres et muni, à sa partie inférieure, d'une garniture métallique, doit être également mis par les brasseurs à la disposition des employés pour déterminer le volume occupé par les métiers ou les moûts dans les vaisseaux autres que les chaudières à cuire ou à houblonner, avant la fin de la période de reconnaissance.

Le bâton de jauge doit avoir une longueur telle qu'il dépasse de 10 centimètres au moins le bord supérieur du vaisseau le plus profond.

Affranchissement des visites. — Chômage

Art. 8. — Pour être affranchi des visites de nuit pendant les périodes d'inaction de son usine, le brasseur devra mettre hors d'usage tous les appareils, cuves-matières ou autres pouvant servir à la saccharification, et tous vaisseaux, chaudières, bâches, etc., susceptibles d'être chauffés, soit au feu nu, soit par la vapeur.

Mise hors d'usage

La mise hors d'usage sera obtenue :

1° En ce qui concerne les vaisseaux pouvant servir à la saccharification : par l'apposition de couvercles en métal ou en bois pouvant être fermés par des plombs, et par l'apposition de scellés sur les robinets adaptés auxdits vaisseaux ;

2° En ce qui concerne les récipients susceptibles d'être chauffés : — *a*) si le chauffage est à feu nu, en disposant la porte du foyer placé sous chacun d'eux de façon qu'elle puisse être maintenue fermée par un plomb ; — *b*) si le chauffage se fait à la vapeur, en scellant les robinets d'adduction de la vapeur agencés à cet effet.

Le mode de scellement devra être agréé par le service des contributions indirectes. — S'il comporte l'usage de boulons, ceux-ci devront être rivés.

Les robinets qui doivent recevoir un scellé seront tenus à l'abri de toute atteinte, à l'intérieur d'une boîte fermée par un plomb.

Le service pourra, en outre, s'il le juge convenable, apposer à l'intérieur des vaisseaux, des scellés composés de matières solubles ou fusibles.

L'apposition des scellés sera réclamée, soit par la déclaration de fabrication, ainsi qu'il est dit à l'article 9 ci-après, soit par une déclaration spéciale déposée à la recette buraliste de la résidence des employés qui exercent l'établissement.

Il sera remis au brasseur une ampliation de l'enregistrement de sa déclaration spéciale.

Le brasseur qui aura fait régulièrement la déclaration ci-dessus n'aura pas à souffrir les visites de nuit à partir du jour qui suivra celui où sa déclaration aura été déposée.

alors même que les scellés n'auraient pas encore été apposés par le service.

Reprise du travail. — Descellement des appareils

ART. 9. — Le brasseur ne pourra pas desceller ses appareils, cuves et chaudières.

Toutefois si, une heure après celle fixée par lui soit pour la reprise du travail dans ses déclarations ordinaires de fabrication, soit pour la mise de feu visée à l'article 10 suivant, le service n'est pas intervenu pour rompre les scellés, le brasseur pourra les briser, sauf à remettre les plombs aux employés au cours de leur plus prochaine visite.

Quand, après la clôture de la fabrication en cours, le brasseur désirera faire replacer ses appareils sous scellés, il l'indiquera dans la déclaration qui fait l'objet de l'article 10 du présent décret. — Le service pourra, dans ce cas, apposer les scellés aussitôt après l'heure fixée pour la fin du déchargement des chaudières de cuisson.

Déclaration préalable à la fabrication. — Délai

ART. 10. — Chaque fois qu'ils voudront se livrer à la fabrication de la bière, les brasseurs seront tenus de déclarer à la recette buraliste :

1° Les numéros des cuves-matières et vaisseaux assimilés ou autres appareils dans lesquels la saccharification doit être opérée, ainsi que l'heure du versement des matières premières dans ces vaisseaux ;

2° Le numéro et la contenance de chacune des chaudières qu'ils veulent employer, ainsi que l'heure de la mise de feu sous chacune d'elles ou de l'introduction de la vapeur dans les serpentins de chauffe ;

3° Le nombre de degrés-hectolitres qu'ils entendent produire, sans que ce nombre puisse être inférieur à deux fois le volume total des chaudières ou appareils à houblonner déclarés pour le brassin ;

4° L'heure du commencement et celle de la fin de la rentrée définitive de toutes les trempes dans les chaudières à cuire et à houblonner :

5° L'heure du commencement et celle de la fin du déchargement de chacune de ces chaudières.

Le préposé qui a reçu une déclaration en remet une ampliation signée de lui au brasseur, lequel est tenu de la représenter à toute réquisition des employés pendant la durée de la fabrication.

La déclaration prescrite par le présent article doit être faite douze heures à l'avance au moins dans les localités où résident les employés chargés de l'exercice de l'usine, et l'avant-veille à quatre heures du soir au plus tard partout ailleurs. Toutefois, ce dernier délai sera réduit à douze heures lorsque le brasseur fera déposer sa déclaration à la recette buraliste de la résidence des employés et un duplicata de cette même déclaration au bureau dans la circonscription duquel la brasserie est située.

Chauffage de l'eau de lavage des ustensiles

Art. 11. — Le chauffage de l'eau dans une chaudière ou bâche, en dehors des périodes de fabrication, peut être autorisé, moyennant une déclaration faite dans les conditions spécifiées à l'article précédent, pourvu que cette eau ne soit utilisée qu'au lavage des ustensiles de la brasserie.

Si, après avoir fait usage de ce vaisseau, le brasseur veut le replacer sous scellé, il en fera mention dans sa déclaration.

Contrôle des moûts

Art. 12. — Les moûts produits sont sous le contrôle de la régie dès leur apparition.

Aucune quantité de ces moûts ne peut être séparée de la fabrication en cours; la présence de moûts dans des vaisseaux autres que ceux inscrits à la déclaration prévue par l'article 10 serait constatée par procès-verbal, et les quantités reconnues comprises dans le produit du brassin pour la liquidation des droits.

La reconnaissance du nombre de degrés-hectolitres est faite tant dans les chaudières ou appareils à houblonner que dans les bacs rafraîchissoirs.

La période légale de reconnaissance commence immédiatement après la rentrée définitive du produit des trempes dans les chaudières à cuire ou à houblonner et finit dès que les chaudières et bacs sont vidés ; si la reconnaissance a lieu sur les bacs, elle ne peut être faite qu'autant que la température des moûts n'est pas descendue au-dessous de 60 degrés centigrades. Cette période doit avoir, au minimum, une durée de trois heures avant le commencement du déchargement des chaudières ; toutefois, sur la justification de conditions spéciales de fabrication et d'une cuisson moins prolongée, ce minimum peut être abaissé, sans qu'il soit jamais inférieur à une heure et demie.

Dans tous les cas, les drêches doivent être retirées des cuves-matières avant la fin de la période de reconnaissance des moûts.

Dans les brasseries où il n'est pas fait plus d'une fabrication en vingt-quatre heures, cette période de reconnaissance de la densité des moûts doit être comprise entre huit heures du matin et huit heures du soir.

Dans celles qui fabriquent plusieurs brassins en une journée de vingt-quatre heures, la période de reconnaissance de la moitié des brassins au minimum sera comprise entre huit heures du matin et huit heures du soir.

Brassins. — Reconnaissance globale et partielle

ART. 13. — Un brassin comprend l'ensemble de tous les métiers produits par une même qualité de grains. Le produit d'un brassin peut comporter l'emploi de plusieurs chaudières.

Dans le cas où il est fait usage de plusieurs chaudières

pour le même brassin, le minimum de degrés-hectolitres déclarés s'applique à l'ensemble des moûts introduits dans les chaudières. La période légale de reconnaissance ne commence que lorsque la totalité des métiers est rentrée dans les chaudières.

Mais, qu'il soit fait emploi d'une ou plusieurs chaudières, le service peut, à partir du moment où commence la rentrée définitive des métiers, constater le nombre des degrés-hectolitres que représentent les métiers déjà rentrés.

Toute diminution de plus de 2 p. 100 qui serait ultérieurement reconnue sur le nombre de degrés-hectolitres constaté dans la chaudière unique ou dans l'une des chaudières du brassin suppose une décharge partielle et donne lieu à la rédaction d'un procès-verbal.

Le nombre de degrés-hectolitres reconnu en moins est, en outre, ajouté pour l'application des droits aux quantités constatées pendant la période légale de reconnaissance.

Par dérogation au deuxième paragraphe du présent article, les brasseurs qui justifieront de nécessités particulières de fabrication, pourront, dans les conditions que l'administration déterminera, être admis à réclamer la reconnaissance du produit de la fabrication par chaudière séparée. Dans ce cas, chaque chaudière sera considérée, au point de vue de la déclaration de rendement et de la constatation du produit de la fabrication, comme constituant un brassin distinct.

Les opérations de fabrication faites en vertu de déclarations successives ne pourront avoir lieu qu'à la condition que chacun des appareils servant à la saccharification et à la cuisson reste vide pendant deux heures au moins.

Lorsqu'il est fabriqué simultanément plusieurs brassins, les opérations de fabrication de chaque brassin doivent rester séparées. La période légale de reconnaissance de chacun d'eux doit s'ouvrir à la même heure.

Vérification du volume des moûts. — Interruption de chauffage

Art. 14. — Pour déterminer le volume des moûts contenus dans les chaudières à houblonner, les agents peuvent, s'il est nécessaire, faire opérer le ralentissement du feu de manière à faire cesser l'ébullition.

Dans le cas où la chaudière est munie d'un tube indicateur, ils sont autorisés à faire couler au préalable un volume de 1 hectolitre de moût qui est immédiatement reversé dans les chaudières.

Fourniture du thermomètre

Le brasseur est tenu de mettre à leur disposition, en vue de leur permettre de déterminer la température des moûts, un thermomètre agréé par la régie.

Prélèvement d'échantillon d'essais

Art. 15. — Un échantillon du moût est prélevé, immédiatement après la constatation du volume, pour en déterminer la densité et la température.

La prise d'essai peut se faire, soit en plongeant un puiseur spécial dans les vaisseaux, soit en se servant du tube indicateur.

Le liquide sur lequel elle est prelevée doit avoir été rendu homogène dans toute sa masse, soit par une ébullition prolongée, soit par un brassage que l'industriel est tenu, lorsqu'il en est requis, de faire opérer séance tenante.

L'échantillon est refroidi au moyen d'un appareil spécial fourni par le brasseur et agréé par la régie et propre à abaisser la température jusqu'à 15 degrés centigrades en dix minutes au plus.

La densité est constatée à cette température à l'aide du densimètre construit conformément aux dispositions du décret du 2 août 1889. Toutefois, si l'eau mise à la disposition des employés ne permet pas d'atteindre exactement 15 degrés centigrades, la constatation peut être faite entre

10 et 25 degrés. Mais, dans ce cas, les corrections indiquées au tableau annexé au présent décret sont opérées sur la densité trouvée.

Voici ce tableau (*Officiel* du 31 mai 1899) :

Lorsque la température des moûts est supérieure à 15°		Lorsque la température des moûts est inférieure à 15°	
Température	La densité doit être diminuée de	Température	La densité doit être augment. de
16°	0,01	14°	0,01
17°	0,03		
18°	0,05	13°	0,02
19°	0,07		
20°	0,09	12°	0,03
21°	0,11		
22°	0,13	11°	0,04
23°	0,15		
24°	0,17	10°	0,05
25°	0,19		

Réfaction

ART. 16. — Sur le volume constaté dans les conditions fixées par l'article 14 ci-dessus, il est accordé, pour tenir compte de la dilatation des moûts dont la température est supérieure à 30 degrés une déduction de :

0,5 p. 100 pour les liquides vérifiés à une température comprise entre 31 et 40 degrés inclusivement ;

0.9 p. 100 pour ceux reconnus entre 41 et 50 degrés ;

1.3 p. 100 pour ceux reconnus entre 51 et 60 degrés ;

1.8 p. 100 pour ceux reconnus entre 61 et 70 degrés ;

2.4 p. 100 pour ceux reconnus entre 71 et 80 degrés ;

3.2 p. 100 pour ceux reconnus entre 81 et 90 degrés ;

4 pour 100 pour ceux reconnus entre 91 et 100 degrés ;

6 pour 100 lorsque la température est supérieure à 108 degrés.

Il n'est opéré aucune déduction pour tenir compte du volume occupé par le houblon.

Le houblon ne pourra pas être enlevé avant le déchargement de la chaudière.

Interruption par force majeure

ART. 17. — Si, en cas de force majeure, soit avant, soit pendant le cours des opérations de la fabrication, celle-ci doit être ajournée, le brasseur rapporte, immédiatement après l'accident, l'ampliation à la recette buraliste, en indiquant les motifs et la durée probable de l'interruption.

Il prévient, en outre, télégraphiquement ou par exprès les employés en leur fournissant les mêmes indications.

Si l'interruption ne doit pas se prolonger au delà de deux heures, il se borne à en mentionner la cause et la durée au dos de l'ampliation de la déclaration de fabrication.

Les délais fixés à cette déclaration sont prorogés d'un temps égal à la durée de l'interruption.

Évaluation des pertes

ART. 18. — Après l'heure fixée pour la fin de la rentrée des métiers dans les chaudières de cuisson, tous les robinets de vidange des appareils de saccharification seront ouverts et les moûts pourront être versés à l'égout ou évacués à perte en présence des employés, pourvu qu'ils n'aient pas une densité supérieure à 2 degrés et que le nombre de degrés-hectolitres qu'ils représentent n'excède pas 5 p. 100 du rendement déclaré.

Si ces conditions ne sont pas remplies, les moûts dont il s'agit entrent dans la détermination du nombre total des degrés-hectolitres passibles de l'impôt.

Le brasseur peut alors les introduire dans ses chaudières de cuisson jusqu'à concurrence du vide qui y existe.

Le surplus est immédiatement versé à l'égout ou évacué à perte en présence des employés.

Entrée des matières sucrées

ART. 19. — Aucune quantité de mélasses, de glucoses, de maltose, de maltine, de sucs végétaux, ou de toute autre substance sucrée analogue, ne peut être introduite dans une brasserie ou dans ses dépendances sans être accompagnée d'un acquit-à-caution.

Les quantités introduites devront être placées, au choix du brasseur, soit dans un magasin spécial, soit dans un ou plusieurs récipients préalablement déclarés pour cet usage.

Emploi des matières sucrées

Lorsque le brasseur veut employer des mélasses, glucoses, maltose, maltine, sucs végétaux ou autres substances sucrées analogues, il doit compléter la déclaration visée à l'article 10 précédent par les indications suivantes :

1° Quantités de matières énumérées ci-dessus dont il veut faire emploi ;

2° Date et heure à partir desquelles ces matières seront incorporées aux moûts de bière, et indication du numéro des chaudières dans lesquelles se fera le versement.

Le brasseur est tenu de déposer isolément à proximité de la chaudière où ils seront versés les mélasses, glucoses, maltose, etc., qu'il veut employer, et cela une heure au moins avant le moment fixé pour leur introduction en chaudière.

Les employés sont autorisés à en vérifier la quantité et l'espèce, et le brasseur est tenu de fournir sur réquisition les balances, les poids et les ouvriers nécessaires pour cette vérification.

Si les employés se présentent moins d'une heure avant celle fixée pour l'emploi des matières, ils peuvent exiger que l'opération de versement soit immédiatement commencée pour se continuer sans désemparer.

ART. 20. — Il ne pourra être fait emploi des matières

visées à l'article précédent dans la fabrication de la bière :

1° Qu'après que le service aura reconnu la densité des moûts de bière ou, à défaut, que pendant la dernière demi-heure qui s'écoulera avant le moment fixé pour le déchargement de la dernière chaudière du brassin ;

2° Qu'après que les drêches auront été enlevées des appareils de saccharification.

Le minimum fixé par le troisième paragraphe de l'article 12 du présent décret pour la durée de la période légale de reconnaissance sera accru d'une demi-heure.

Défalcation des degrés produits par les matières sucrées

Le nombre de degrés-hectolitres reconnu après l'incorporation des mélasses, glucoses, etc., aux moûts de bière, sera diminué du nombre de degrés-hectolitres résultant de l'emploi des mélasses, glucoses, maltose, maltine, etc., pour le calcul des degrés-hectolitres produits par le malt et l'application des dispositions de l'article 9 de la loi du 30 mai 1899.

Droits à payer sur les matières sucrées

Toute quantité employée sera imposée au tarif fixé par l'article 6 de la loi du 30 mai 1899 pour le nombre de degrés-hectolitres correspondant au rendement de chaque matière.

Ce rendement est fixé :

1° A 32 degrés-hectolitres par 100 kilogrammes de mélasses ;

2° A 30 degrés-hectolitres par 100 kilogrammes de glucoses.

Cette fixation, faite à titre provisoire, sera, s'il y a lieu, revisée par décret rendu sur le rapport du ministre des finances après avis du comité consultatif des arts et manufactures.

Détermination de valeur des autres matières

Le service déterminera la valeur en degrés hectolitres des autres matières lors de leur introduction en brasserie ; le brasseur sera tenu de fournir la balance et l'éprouvette jugées nécessaires.

Un arrêté ministériel rendu après avis du comité consultatif des arts et manufactures fixera la marche à suivre pour cette détermination.

En cas de contestation sur les résultats des opérations effectuées par le service, on recourra à l'expertise légale instituée par les lois des 27 juillet 1822 et 7 mai 1881.

Prise en charge des matières sucrées

ART. 21. — Les mélasses, glucoses, maltose, maltine, sucs végétaux ou substances sucrées analogues introduits dans les brasseries doivent être représentés aux employés, lors de leurs vérifications. Ils sont pris en charge à un compte spécial qui est tenu par les employés de la régie.

Ce compte est successivement déchargé des quantités employées à la fabrication des bières.

Les employés peuvent arrêter la situation des restes et opérer la balance du compte aussi souvent qu'ils le jugent nécessaire.

Le brasseur est tenu de fournir les ouvriers, les balances et les poids nécessaires pour opérer ces vérifications.

Les manquants constatés à ce compte seront imposés pour le double de leur poids, d'après les bases de rendement fixées à l'article précédent.

Franchise des glucoses

Par application de l'article 23 de la loi du 19 juillet 1880, les glucoses employées à la fabrication de la bière continueront à être affranchies du droit de 13 fr. 50 afférent aux produits de l'espèce.

Il ne peut être admis en brasserie que des mélasses provenant de sucres libérés d'impôt.

Registre facultatif des brasseurs

Art. 22. — Les brasseurs peuvent avoir un registre coté et parafé par le juge de paix, sur lequel les employés consignent le résultat des actes inscrits à leurs portatifs.

Compte ouvert avec la régie

Art. 23. — Les brasseurs ont, avec la régie des contributions indirectes, pour les droits constatés à leur charge, un compte ouvert qui est réglé et soldé à la fin de chaque mois.

Le décompte des droits est calculé sur la quantité déclarée, en exécution de l'article 10 du présent décret et sur les excédents supérieurs à 10 p. 100, d'après les bases déterminées par l'article 9 de ladite loi.

Les sommes dues peuvent être payées en obligations cautionnées à quatre mois de date, conformément aux dispositions de la loi du 15 février 1875.

Exportation des bières. — Formalités

Art. 24. — Tout brasseur qui veut exporter des bières avec le bénéfice de la restitution du droit de fabrication est tenu d'en faire la déclaration à la recette buraliste.

Aucune expédition de bières destinées à l'exportation ne peut être faite hors la présence des agents des contributions indirectes.

Au jour et à l'heure indiqués par ceux-ci, les vases et les vaisseaux contenant les bières à exporter doivent être réunis au même endroit et complètement séparés des autres récipients de la brasserie.

Le brasseur est tenu d'effectuer au préalable toutes les opérations préliminaires qui peuvent être faites hors la présence des employés, afin que ceux-ci puissent immédiatement procéder aux reconnaissances et au scellement dont il est question ci-après.

Prélèvement d'échantillons d'exportation

Art. 25. — Les employés prélèvent sur les bières à exporter, contradictoirement avec le brasseur ou son représentant, une quantité suffisante pour constituer trois échantillons de 1 litre chacun environ.

Les bouteilles renfermant les échantillons sont revêtues du double cachet de la régie et du déclarant.

Tous les frais qu'entraine ce prélèvement sont à la charge de l'exportateur.

Art. 26. — L'un des échantillons est transmis, par les soins du service et aux frais du déclarant, au laboratoire du ministère des finances, pour que la densité originelle en soit constatée, à moins que le service ne soit en mesure d'effectuer cette constatation sur place.

Le second échantillon est conservé par les agents pour être transmis, en cas de contestation, aux commissaires-experts institués par les lois du 27 juillet 1822 et du 7 mai 1881.

Le troisième échantillon est remis au brasseur.

Un arrêté ministériel, rendu après avis du Comité consultatif des arts et manufactures, déterminera la marche à suivre pour reconstituer la densité originelle, à l'état de moûts, des bières présentées à l'exportation.

Mise sous scellés des bières à exporter

Art. 27. — Aussitôt après le prélèvement des échantillons, il est procédé au scellement des caisses, paniers, fûts et autres récipients, dans des conditions qui devront être agréées par l'administration.

La cire est fournie par le brasseur, qui rembourse également les frais de plombage, à raison de 10 centimes par plomb apposé.

Le service complète ensuite l'acquit-à-caution, levé préalablement à la recette buraliste, par les indications suivantes :

1° Heure de l'enlèvement du chargement ;

2° Nombre, numéro et marque distinctive de chacun des colis à exporter ;

3° Empreintes figurant sur les cachets ou plombs.

Le chargement doit être conduit directement au point de sortie dans le délai fixé pour le transport.

Formalités au point de sortie

Art. 28. — A l'arrivée du chargement au point de sortie, l'acquit-à-caution est remis aux agents des douanes.

Ceux-ci s'assurent que le scellement des colis est intact. Ils peuvent, s'ils le jugent nécessaire, prélever des échantillons pour les soumettre à une analyse de contrôle

Sur la représentation au service des contributions indirectes du point de départ de l'acquit-à-caution, dûment déchargé par le service qui a constaté le passage des bières à l'étranger, le décompte des droits à restituer est établi d'après le volume et la densité originelle de ces bières à l'état de moût.

Remboursement des droits

La somme revenant à l'exportateur lui est payée après ordonnancement de la dépense.

Dispositions transitoires

Art. 29. — Les bières fabriquées en vertu de déclarations reçues et enregistrées avant la date de la mise en application de la loi du 30 mai 1899 resteront soumises au mode d'imposition et au tarif en vigueur au moment où cette déclaration a été reçue.

Les produits visés à l'article 19 du présent décret qui se trouveront en la possession des brasseurs au moment de la mise en vigueur de la loi du 30 mai 1899 seront déclarés et pris en charge au compte prévu par l'article 21 précédent.»

13. Décret du 11 août 1899. — *Rendement des mélasses et glucoses employés en brasserie.*

ARTICLE UNIQUE. — La fixation du rendement en degrés-hectolitres des mélasses et des glucoses employés dans la fabrication de la bière est ramenée aux quotités ci-après :

1° A 31 degrés-hectolitres par 100 kilos de mélasses ;

2· A 29 degrés-hectolitres par 100 kilos de glucoses.

Toutes ces dispositions législatives donnent une idée complète et détaillée de la règlementation des bières, sans que nous ayons à entrer dans de nouveaux détails.

(Voir, au surplus, pour les visites et vérifications, le décret du 10 août 1899 ci-après, au titre « des distillateurs de profession. »)

14. — La régie s'est préoccupée, toutefois, de la situation nouvelle qui est faite par la diminution des droits de fabrication à l'impôt sur les glucoses :

« La réduction du droit de fabrication sur les bières, dit » la circulaire récente du 29 décembre 1900, aura pour » conséquences de renverser le rapport qui existe aujour- » d'hui entre les taxes acquittées par les glucoses suivant » qu'elles sont employées en brasserie ou livrées à la con- » sommation ordinaire ».

L'impôt qui frappe ces dernières est de 13 fr. 50 par 100 kilogrammes, tandis que la prise en charge au compte du brasseur, avec la nouvelle tarification, n'assurera plus qu'un droit de 7 fr. 25 (29 degrés hectolitres × 0,25) moitié de celui de 14 fr. 50, qui était précédemment perçu (29 de-grés hectolitres × 0,50). On peut craindre que l'écart de 6 fr. 15, qui existera entre les 7 fr. 25 de l'impôt nouveau sur la fabrication de la bière et les 13 fr. 50 de la taxe de consommation sur les glucoses, ne soit de nature « à pro-

» voquer des manœuvres tendant à simuler l'emploi, à la
» fabrication de la bière, de glucoses qui recevraient en
» fait une autre destination. L'intérêt du Trésor exigera
» que le service suive de très près la mise en œuvre des
» glucoses en brasserie, en assistant, aussi souvent que
» possible, à leur introduction dans les chaudières de
» cuisson ».

15. Les bières transformées en vinaigre sont exemptes
du droit de fabrication ; elles sont expédiées en vertu
d'acquits-à-caution aux vinaigriers qui les prennent en
charge et elles sont portées en décharge au compte du
brasseur expéditeur. (Loi du 6 juillet 1875, art. 6, décret
du 12 août 1881, art. 17).

16. Tels sont les impôts qui pèsent sur les bières
considérées en elles-mêmes. Quant aux marchands en
gros qui ne sont autres que les brasseurs et aux débitants
et entrepositaires de bières, ils sont assujettis à un droit
de licence trimestriel, qui figure dans le tableau inséré
à l'article 1er de la loi, ci-dessus transcrit (V. n° 6) qui
varie avec les localités, d'après la population, et qui s'har-
monise avec l'impôt des patentes pris pour base d'évaluation. On peut se reporter aux explications qui vont suivre à propos des récoltants, débitants et marchands de
vins en gros pour l'application des règles qui leur sont
communes avec les récoltants et débitants.

Il n'est apporté aucune modification à l'assiette des droits
d'octroi sur les bières, dans les lieux où il en existe, et
dont l'examen n'entre pas dans le cadre de cette étude.

17. La bière française est protégée contre les produits similaires étrangers par la loi de douane du 11 juillet 1892. L'importation donne lieu à une taxe douanière de
12 francs par hectolitre pris pour 100 kilos, fût compris,
poids brut, et ce, au tarif général et 9 francs au tarif mini-

3

mum ; elles ne sont pas soumises aux droits de fabrication à l'intérieur.

A l'exportation, la boisson est affranchie des droits de fabrication, par application de l'art. 5 de la loi du 28 avril 1816 (le droit de fabrication étant substitué au droit de circulation). La marchandise voyage sous acquit-à-caution qui, régulièrement déchargé, donne lieu au remboursement des droits, dans les conditions indiquées ci-dessus (article 28 du décret du 30 mai 1899).

CHAPITRE II

VINS

18. La réduction des droits sur les vins était, de toutes les réformes, la plus impatiemment attendue par le monde, si nombreux et représentant des intérêts si importants, des viticulteurs.

De toutes les productions, celle du vin avait été la plus sacrifiée. La nouvelle et unique tarification à 1 fr. 50 constitue un dégrèvement notable, de nature à supprimer les entraves apportées à sa consommation et surtout à rendre moins profitables et rémunératrices les fabrications clandestines et les falsifications dont le vin était l'objet.

L'impôt, au regard des personnes commerçantes qui le vendent en gros ou en détail, est déterminé dans le tableau qui se trouve inséré dans l'article 6 de la nouvelle loi; il suffit de s'y reporter pour s'en rendre un compte exact. C'est le droit de licence, variable comme pour les brasseurs, les marchands de cidres, poirés et hydromels, selon la classification ou l'importance des affaires.

Cette classification pour les débitants de boissons est basée sur l'application du droit de patente, appliqué par l'administration des contributions directes, d'où il suit que les agents des contributions indirectes n'auront qu'à se conformer, pour l'application des nouveaux tarifs, à la classification établie par les agents des contributions directes. C'est un changement d'assiette du droit qui présente une grande simplification.

Quant au droit de circulation de 1 fr. 50 par hecto, il frappe tous les vins livrés à la consommation, dès qu'ils circulent, et à chaque déplacement ou enlèvement (art. 1, loi du 28 avril 1816).

C'est là une nécessité résultant de l'impossibilité pour le fisc d'imposer le vin à la production et du besoin d'assurer la rentrée de l'impôt, en se prémunissant contre la circulation en franchise frauduleuse de vins dont l'origine est impossible à déterminer.

La perception ne présentera pas, en thèse générale, de difficultés appréciables.

19. Le nouvel impôt de circulation atteint les lies et les vins troubles. On entend en effet, par vin, non seulement le vin achevé et potable, mais encore le vin dans tous les états par lesquels peut passer le produit du raisin, depuis le moût jusqu'à la lie non parvenue à dessiccation complète. La taxe de circulation sera perçue non sur le vin contenu dans les lies et révélé par l'opération du pressurage, mais sur la quantité totale. C'est une conséquence du droit unique de circulation et de l'abolition des droits d'entrée ou d'octroi.

20. La nouvelle loi n'a pas réuni en un corps de doctrine et de préceptes, comme l'ont fait pour les bières les lois et décrets de 1899 et 1900 précités, l'ensemble des dispositions applicables aux vins. Aussi, est-ce dans les textes épars et nombreux, et dans les interprétations fournies par la jurisprudence des cours et tribunaux qu'il faut chercher la solution aux nombreuses questions que soulève la mise en pratique de la législation des boissons.

§ 1er. — LE VIN NATUREL.

21. Le vin naturel, le seul dont s'occupe la loi de 1900, a été défini par la loi du 14 août 1889 dans son article 1er : « Nul ne pourra expédier, vendre ou mettre en vente, sous dénomination de vins, un produit autre que celui de la fermentation des raisins frais. » D'où il suit que l'on ne peut considérer comme vin que le produit exclusif de la fermentation des raisins frais, ce qui exclut les vins de raisins secs et les vins artificiels, comme toutes les préparations fermentées à base de matières sucrées.

La loi des douanes du 11 janvier 1892 a d'ailleurs reproduit cette définition vis-à-vis des vins étrangers en parlant de vins « provenant exclusivement de la fermentation de raisins frais. »

22. Le vin cessera d'être naturel s'il renferme une addition d'eau, d'alcool et de matières étrangères à la vendange fraîche, en quelque proportion que ce soit.

Les articles 1 et 2 de la loi du 24 juillet 1894 considèrent l'addition d'eau ou d'alcool comme des falsifications de denrées alimentaires, réprimées et punies par l'article 423 du code pénal. La jurisprudence de la Cour de cassation y voit une double contravention à la loi de 1816 et aux lois du 13 août 1889 et 24 juillet 1894. (Arrêts des 4 juin et 24 décembre 1896.) ·

La loi du 14 juillet 1889, dans son article 7, assimile encore à une falsification l'addition, soit pendant, soit après la fermentation, du produit de la fermentation ou de la distillation des figues, caroubes, fleurs de Mowra, clochettes, riz, orge et autres matières pouvant fournir des produits sucrés.

La loi du 11 juillet 1891 considère comme falsification de denrées alimentaires, toute addition au vin :

1° De matières colorantes quelconques ;

2° Des produits, tels que les acides sulfurique, nitrique, chlorhydrique, salycilique, borique ou autres analogues ;

3° De chlorure de sodium ou sel de cuisine au-dessus de 1 gramme par litre ;

4° Elle interdit la mise en vente et la livraison des vins plâtrés, contenant plus de 2 grammes de sulfate de potasse par litre ; même dans cette limite, les vins plâtrés ne pourront circuler qu'à la condition que les fûts qui les renferment portent l'indication en gros caractères de vins plâtrés. (Art. 3 de la loi du 11 juillet 1891.)

Il est bon de faire observer que si, vis-à-vis du parquet et de la régie, les vins de raisins frais additionnés de chlorure de sodium ou de plâtre dans les proportions légales, ne cessent pas d'être des vins naturels, les tribunaux se montrent très rigoureux au point de vue des contrats civils ou commerciaux qui leur sont déférés en exigeant, à peine de résiliation et de dommages-intérêts, que l'addition de plâtre et de sel soit signalée à l'acheteur. (C. de Montpellier, 2ᵐᵉ Ch. 8 août 1896.)

23. Quant à l'addition de sucre à la vendange en fermentation qui avait été autorisée implicitement par la loi du 28 juillet 1884, défigurée et étendue par le décret du 22 juillet 1885, elle ne constitue pas, à proprement parler, une falsification, si elle a été faite pour élever le degré alcoolique des vins dans une proportion restreinte (environ 2 °/₀ au maximum). Elle doit avoir pour but d'améliorer la qualité du vin en remédiant au défaut de maturité des raisins, mais non d'augmenter la production en favorisant une addition d'eau (Circ. min. de septembre 1900). Elle ne peut plus être opérée sous le bénéfice des droits réduits sur les vins destinés à la vente.

Nous lisons en effet à l'article 16 de la loi de 1900 : « Le bénéfice du droit réduit de 24 fr. par 100 kilos, déterminé par la loi du 27 mai 1888, sera limité aux quantités de sucres bruts ou raffinés employés au sucrage des vins, cidres ou poirés nécessaires à la consommation familiale des producteurs, et jusqu'à concurrence d'un maximum de 40 kilog. par membre de la famille et domestique attaché à la personne. »

Il suit de là que le producteur qui voudra améliorer la qualité de son vin en remédiant au défaut de maturité des raisins, devra payer les droits pleins sur les sucres employés et n'aura plus, dès lors, à obtenir, pour cet achat, l'autorisation de l'administration appuyée d'une déclaration du maire de sa commune, mais il n'usera de ce procédé de vinification que modérément, l'opération ne devant, en fait, lui laisser aucun bénéfice, le prix du degré alcoolique du vin s'harmonisant, en général, avec le prix du degré alcoolique en puissance que renferme le sucre; comme pour le plâtre et le sel, cette addition doit être signalée à l'acheteur. (Montpellier précité.)

Nous ferons la même observation à propos du vinage ou de l'alcoolisation. La loi du 24 juillet 1894 l'a interdit, sauf pour les vins de liqueur et les vins destinés à l'exportation, et le décret du 19 avril 1898 considère comme suralcoolisés les vins rouges pour lesquels le rapport de l'alcool à l'extrait réduit est supérieur à 4,6, et les vins blancs pour lesquels ce rapport est supérieur à 6,5.

Les vins naturels circulent au droit de 1 fr. 50 jusqu'à 15° d'alcool; au-dessus, ils sont considérés comme alcoolisés et imposés pour leur force alcoolique excédente (art. 3, loi du 1er septembre 1871).

En douane, les vins importés sont frappés des droits de consommation sur l'alcool à partir de 12°, tout en restant vins naturels à la circulation intérieure jusqu'à 15° (loi du 1er février 1899).

24. Néanmoins, la loi du 13 avril 1898 (art. 22) a fait exception pour les vins doux naturels, c'est-à-dire les vins possédant naturellement une richesse alcoolique totale, acquise ou en puissance, d'au moins 14 degrés qui, sur la demande des *producteurs*, et sur justification de leur nature, pourront être maintenus sous le régime ordinaire des vins, bien que mutés à l'alcool. Ce mutage doit être fait avant l'achèvement de la fermentation, chez le viticulteur, en présence du service, et moyennant le paiement du demi-droit de consommation sur l'alcool employé au mutage (soit 110 fr. par hecto d'alcool pur). Il sera alors donné décharge de l'alcool employé.

Ces vins provenant de cépages spéciaux sont assez riches pour titrer naturellement 14 degrés au minimum, si l'on n'arrêtait pas la fermentation par une addition d'alcool, qui permet de conserver dans le vin une certaine quantité de sucre non interverti ni transformé.

Ces vins doivent être livrés à la consommation tels qu'ils sortent de chez le producteur. Le titre de mouvement qui les accompagne doit énoncer leur qualité de vin doux naturel. Toute manipulation ultérieure les ferait rentrer sous le régime des vins de liqueur. (Circ. du 14 avril 1898.)

25. Une deuxième exception corrélative de la précédente est consignée dans l'article 3 de la loi du 2 août 1872 pour les vins naturels complètement fermentés connus comme présentant naturellement une force alcoolique supérieure à 15 degrés, sans dépasser 18 degrés. Ils seront marqués au départ chez le récoltant expéditeur avec une mention sur l'acquit-à-caution et ils seront affranchis des double droit de consommation, d'entrée et d'octroi pour les quantités d'alcool comprises entre 15 et 18'

26. Le législateur n'a pas voulu proscrire certains procédés de fabrication ou de conservation usités de temps immémorial, tels que l'usage de l'acide sulfureux provenant de la combustion du soufre, qui met le vin à l'abri des maladies auquel il est sujet. L'acide sulfureux, dans le vin, s'y transforme en acide sulfurique ; aussi, la législation allemande, plus explicite sur ce point, proscrit l'acide sulfurique dans les vins provenant d'une autre origine que l'acide sulfureux.

Toutes les législations s'accordent à tolérer l'emploi de l'acide sulfureux et, par conséquent, l'opération qui le produit, le méchage ou le soufrage. Mais c'est une question de mesure. On sait qu'une proportion un peu forte d'acide sulfureux libre dans un vin n'est pas sans inconvénient au point de vue hygiénique : un vin trop soufré provoque des maux de tête, un malaise général et parfois une irritation assez vive du tube digestif.

27. C'est uniquement le vin, c'est-à-dire tout liquide fermenté tiré du raisin, que la loi assujettit dans son article 1ᵉʳ au droit de 1 fr. 50, unifié sur toute la surface de la France.

Les vermouts, vins de liqueur ou d'imitation, les vins d'oranges et de figues, les vins de raisins secs, sont exclus du régime fiscal des vins et soumis au régime de l'alcool, tandis que les vins de marc et de sucre sont exclus de la circulation et interdits, sauf les exceptions que nous expliquerons ci-après.

Pour assurer ou garantir le paiement du droit de circulation, les boissons doivent être accompagnées d'un titre de mouvement, laissez-passer, congé, acquit-à-caution. L'article 10 de la loi de 1816 énonce les précisions que doit contenir le titre :

1° Enonciation des quantités, espèces et qualités des boissons comprenant la nature du vin rouge ou blanc (Montpellier, 31 janvier 1885), vin naturel ou vins de raisins secs ; en ce dernier cas, les récipients doivent porter en gros caractères : « vins de raisins secs », ainsi que les livres, factures et lettres de voiture (loi du 14 août 1889, art. 4), le nombre de fûts qui les renferment et la quantité totale de liquide entonné ;

2° Les lieux d'enlèvement et de destination, ainsi que les noms, prénoms, demeures, professions des expéditeurs, voituriers et destinataires. A défaut de bureau de régie dans le lieu de leur résidence, les récoltants et les marchands en gros qui se sont fait délivrer des formules imprimées par la régie peuvent délivrer un laissez-passer jusqu'au premier bureau de passage ; s'il était dépassé, le laissez-passer serait considéré alors comme inexistant.

Les expéditeurs qui voudront se dispenser de déclarer le nom du destinataire indiqueront le lieu de destination seulement, à charge d'y faire compléter sa déclaration au lieu d'arrivée avant tout déchargement (art. 43, loi du 21 avril 1832) ;

3° Dénomination des principaux lieux de passage et le

mode de transport (sauf à compléter en cours de route) ; le délai de transport (art. 13, loi de 1816 ; art. 12, loi du 4 août 1844 ; art. 13, loi du 19 juillet 1880) dont la fixation est faite par les employés suivant un tableau qui est mis à leur disposition (art. 2, loi du 20 novembre 1898). Les acquits-à-caution sont, au surplus, soumis aux formalités du décret du 6-22 août 1791.

Les titres de mouvement doivent, en cours de route, accompagner les boissons et être exhibés à toute réquisition des employés.

Les compagnies de chemins de fer doivent la communication de leurs registres et documents concernant le transport d'objets soumis à l'impôt (art. 3, loi du 26 mars 1878).

28. L'époque d'exigibilité du droit de circulation diffère selon les destinataires de la marchandise. Le droit est exigible au moment même du déplacement des boissons quand elles sont à destination des consommateurs ou d'un débitant forain, et ces marchandises ne peuvent circuler qu'accompagnées d'un congé constatant le paiement des droits (art. 2, § 3).

Quand les boissons sont à destination de personnes jouissant du crédit du droit, elles circulent sous acquit-à-caution (art. 2, § 1) et le droit est payé au moment de l'introduction dans les localités ayant une agglomération de 4.000 habitants et au-dessus ou dans les localités moins populeuses mais pourvues d'un octroi ; et dans les localités de moins de 4.000 habitants de population agglomérée dépourvues d'octroi, les droits doivent être acquittés dans les quinze jours qui suivent l'expiration du délai fixé pour le transport sur le titre de mouvement (art. 4).

Si l'acquit-à-caution n'est pas déchargé, la marchandise aura à supporter le double droit de circulation, soit un droit pour la taxe principale et un droit à titre de pénalité fiscale.

Dans certains cas, où il y a exonération des droits, les boissons circulent avec un laissez-passer

Nous énumérerons ci-après chacun de ces cas d'exonération (V. n° 33).

29. L'enlèvement s'entend de tout déplacement de
boissons (art. 1 loi de 1816). Ainsi, la pièce de mouvement
portant acquit des droits ou en garantissant le paiement,
doit être représentée au moment même où les boissons
sont déplacées de l'intérieur à l'extérieur de l'édifice où
elles étaient déposées, à moins qu'il ne s'agisse d'une cour
avec enclos dépendant du cellier ou magasin. ·

Le simple chargement devant la maison du vendeur,
sans congé ou acquit à-caution, constitue une contravention avant même que le transport à destination s'ensuive.

L'existence de fûts remplis de vin sur la voie publique et
leur introduction dans une cour, sans déclaration préalable
et sans titre de mouvement qui autorise l'enlèvement,
constitue une contravention à la circulation des boissons (Cass. 19 juillet 1821, 23 mai 1878 ; Montpellier,
13 juillet 1895).

Cette prescription est tellement rigoureuse, dans l'intérêt
de l'impôt sur les boissons, et dans le but de déjouer les fraudes, qu'il a été jugé que l'huissier qui, procédant à l'exécution d'un jugement, a saisi du vin sur un débiteur, ne
peut le faire conduire sur le marché où il doit être vendu,
sans avoir fait la déclaration préalable et obtenu, contre
acquit des droits, le titre de mouvement (Cass. 7 fév. 1826).

30. Le texte de la nouvelle loi, article 1er, § 3, soumet
les vins au droit de circulation, à raison de 1 fr. 50 par
hecto, *quelle que soit la quantité.* Mais la loi n'a pas voulu
exclure de la libre circulation les échantillons de liquide
que les nécessités des affaires commerciales obligent les
propriétaires, les courtiers et les négociants à échanger
entre eux. Sur ce point, la tolérance de la Régie s'étendait
aux échantillons de liquides ne dépassant pas 25 centilitres, et sous la réserve que la quantité totale transportée à

l'adresse d'un même destinataire ne dépassât pas trois litres de vin ordinaire.

La Régie maintiendra sûrement la même tolérance à l'avenir.

31. Aux termes de l'article 15 de la loi de 1816, toute opération nécessaire à la conservation des boissons, en cours de route, telles que transvasement, ouillage ou rabattage, sera permise, mais seulement en présence des employés, qui en feront mention au dos des expéditions.

Dans le cas où un accident de force majeure nécessiterait le prompt déchargement d'une voiture ou d'un bateau, ou le transvasement immédiat des boissons, ces opérations pourront avoir lieu sans déclaration préalable, à charge par le conducteur de faire constater l'accident par les employés ou, à leur défaut, par le maire ou l'adjoint de la commune la plus voisine.

Les mixtions, les coupages sont interdits en cours de transport; il n'y a de permis que l'ouillage et le remplacement des futailles avariées et non la mise en bouteille. (Circ. du 30 avril 1855.)

32. Nonobstant la portée générale de la loi de 1900 article 1er, qui frappe du droit de circulation l'enlèvement des vins quelle qu'en soit la quantité, la tolérance des trois litres que les voyageurs pouvaient prendre pour leur usage personnel, en voyage, sans se munir d'expéditions (art. 18 de la loi de 1816) est maintenue, comme l'a reconnu le ministre des finances à la tribune de la Chambre dans la séance du 3 décembre 1900; est maintenue aussi la tolérance de 3 litres que le consommateur enlève de chez le débitant (Circ. du 11 août 1888).

33. Certaines boissons restent affranchies du droit de circulation. Ainsi, les vins d'un propriétaire récoltant, dans le rayon de franchise (voir *infra* n° 45) à la faveur d'un laissez-passer.

Les boissons enlevées pour l'étranger ou les colonies, et exportées par les bureaux déterminés par de nombreux décrets, et celles qui sont à destination de la marine marchande et de l'Etat, même si la distribution et la consommation ont lieu à terre ou dans le port (lettre circ. du 16 janvier 1867) restent exonérées.

Cette exemption n'atteint pas des boissons destinées au grand et au petit cabotage et à la petite pêche.

En ce qui concerne les produits médicamenteux, non seulement ils sont exempts, mais le titre de mouvement est inutile. Les compositions pharmaceutiques, constituant des médicaments ou des remèdes, sont affranchies des droits imposés sur les boissons par les lois fiscales. Les remèdes, même à base d'alcool, échappent, par leur nature, aux prescriptions légales relatives à la circulation des boissons. Mais il faut pour cela que le produit ait un caractère exclusivement médicamenteux, et ne puisse être consommé comme boisson.

C'est ainsi, qu'on a déclarés affranchis un vin ferrugineux au quinquina, dit vin Aroud, vin de Séguin, potion Henry, élixir Paul Gage, la teinture de noix de kola (Cass. 21 déc. 1878, 17 janvier et 21 avril 1879, 11 nov. et 2 déc. 1880, Tr. Seine, 2 déc. 1893).

Mais un vin auquel on n'a fait qu'ajouter du quinquina dans les proportions et selon les procédés formulés par le *Codex*, ne cesse pas d'être du vin. La substance médicinale employée n'a fait que modifier la boisson, sans la dépouiller de ses caractères physiques et de ses propriétés essentielles et distinctives ; dès lors, la préparation, bien que pouvant être employée comme remède, ne cesse pas d'être du vin, et est passible des droits et formalités relatifs à cette boisson (Paris, 22 mai 1896).

Il en est de même de la teinture d'oranges amères, dont l'emploi n'est pas exclusivement médicamenteux, et sert à la fabrication du curaçao et du bitter (Paris, 14 mai 1890).

Quant aux vins destinés à la fabrication des vinaigres, ils sont exempts, s'ils sont pris en charge pour payer, après transformation, les droits afférents à cette dernière substance (art. 6, loi du 17 juillet 1875).

La règlementation des vinaigres, qui avait trouvé place dans le projet de la présente loi, en a été distraite pour faire l'objet d'une loi spéciale.

§ 2. — VINS ARTIFICIELS

34. On désigne ainsi tous les vins qui ne proviennent pas exclusivement de la fermentation des raisins frais ; ils comprennent les vins de marc et de sucre, les vins de raisins secs et les vins fabriqués avec des moûts mutés ou de toute autre manière fournie par les progrès incessants de la chimie exploitée par les fraudeurs.

35. Les vins de marc ou piquettes sont interdits par la loi du 6 avril 1897, quant à leur fabrication et à leur circulation en vue de la vente (art. 3).

La détention, à un titre quelconque, de ces vins, est interdite à tout négociant, entrepositaire ou débitant de liquide, à moins qu'elle n'ait pas lieu en vue de la vente et dans les limites de la consommation familiale (même loi).

La circulation des boissons de marc, dites piquettes, provenant de l'épuisement des marcs par l'eau, sans addition d'alcool, de sucre ou de matières sucrées, est autorisée si ces boissons sont à destination de particuliers pour consommation familiale ; elles ne sont soumises qu'à un droit de circulation de 1 franc par hectolitre. Il faut, pour que les piquettes bénéficient de cette taxe, que le mouvement de ces piquettes n'ait lieu qu'entre le producteur et le consommateur.

La loi de 1897 n'a pas voulu les laisser à la disposition des intermédiaires, à raison des facilités trop grandes de fraude commerciale et fiscale dont la détention de ces boissons leur fournirait l'occasion.

L'achat et la vente du marc de raisins ne sont prohibés par

aucun texte. On comprend qu'un consommateur, qui peut acheter les piquettes d'un producteur, puisse lui acheter le marc pour les fabriquer soi-même et pour sa consommation. Les débitants, marchands en gros et distillateurs ne pourraient faire cet achat en vue de la vente sans tomber sous l'application des pénalités prévues (art. 8, § 2, et 9, § 2, de la loi du 29 décembre 1900).

Les marcs de raisins ne sont soumis à aucun droit ; les vendanges fraîches sont seules imposées.

Les distillateurs de marc ou de piquettes ne peuvent introduire les uns ou les autres dans leurs distilleries qu'après les avoir pris en charge, comme matières premières, à la fois pour leur volume et pour la quantité d'alcool pur qu'ils contiennent (art. 9, loi du 29 décembre 1900).

Les mêmes règles sont applicables aux vins de sucre de deuxième cuvée, dont la fabrication n'est permise qu'au producteur dans la limite restreinte de sa consommation familiale. Ce dernier jouit d'une réduction de taxe sur les sucres, ramenée à 24 francs par 100 kilos, sans que la quantité demandée et obtenue puisse dépasser 40 kilos par membre de la famille et domestique attaché à la personne (art. 16, loi de 1900).

Signalons une différence entre les piquettes et les vins de sucre. Tandis que les piquettes obtenues par le lavage des marcs, sans addition d'alcool ni de sucre, peuvent circuler, après paiement du droit de 1 franc par hecto, pour aller de chez le producteur chez le consommateur, les vins de sucre sont interdits à la circulation (art. 3, § 6, loi du 6 avril 1897).

36. Les vins de raisins secs sont soumis au régime établi par la loi du 6 avril 1897.

Le raisin sec, considéré en lui-même et avant toute fermentation, ne peut circuler qu'en vertu d'acquits-à-caution garantissant le paiement du droit général de consommation sur l'alcool, à raison de 30 litres d'alcool pur par

100 kilos de raisin, s'ils sont à destination des fabricants de vins de raisins secs.

S'ils sont à destination d'un particulier qui veut fabriquer son approvisionnement de boissons, ils sont frappés d'un droit de circulation de 6 francs par 100 kilos (art. 2, loi de 1897), ce qui fait ressortir un vin à 10°, au prix de 2 francs l'hectolitre, au lieu de 1 fr. 50 comme droit de circulation.

Les vins de raisins secs sont exclus du régime des vins et soumis au régime de l'alcool pour leur richesse alcoolique totale acquise ou en puissance, soit 220 francs par hecto d'alcool pur (loi de 1897, art. 1er).

37. Les mêmes règles s'appliquent aux autres vins artificiels que la loi n'a pas définis et ne pouvait définir. Ce qui revient à dire que tout vin qui n'est pas le produit exclusif de la fermentation du raisin frais ou qui n'est ni un vin de marc ni un vin de sucre (dont la circulation et la fabrication en vue de la vente sont interdites) est un vin artificiel soumis au régime fiscal de l'alcool.

§ 3. — LES VENDANGES FRAICHES

38. En vertu de la loi du 28 avril 1816, article 11, l'obligation de déclarer l'enlèvement et de prendre des expéditions n'était pas applicable aux transports de vendanges ou de fruits.

Cette franchise du raisin à l'état frais et de la vendange avait provoqué, dans ces derniers temps, et depuis quelques années, un extraordinaire développement de la fabrication clandestine des vins et une multiplication considérable de production par l'addition à ces vendanges, au moment de la fermentation, de quantités importantes de sucre, qui bénéficiait à tort de la détaxe relative établie par la loi du 29 juillet 1884 et le néfaste, aussi bien qu'illégal, décret du 22 juillet 1885. L'abus était devenu si préjudiciable que la viticulture fit entendre des plaintes universelles pour amener les pouvoirs publics à réformer cet état de choses.

C'est là ce qui a motivé le paragraphe 4 de l'article 1er de la loi du 29 décembre 1900, qui dispose : « Les vendanges » fraîches circulant hors de l'arrondissement de récolte et » des cantons limitrophes, en quantités supérieures à 10 » hectolitres, sont soumises aux mêmes formalités, à la » circulation, que les vins et passibles du même droit, à » raison de 2 hectolitres par 3 hectolitres de vendange ». Cet article reproduit l'article 23 de la loi de 1816, relatif aux communes assujetties aux droits d'octroi.

39. Sous dénomination de vendanges fraîches, il faut entendre à la fois le raisin maintenu entier à l'état de fruit, comme aussi le raisin tassé, écrasé, foulé, quand les récipients retiennent à la fois les grappes et le jus. Le volume total, grappes et jus, constitue légalement la vendange, car le vin moût et le vin non cuvé ne sont pas considérés comme vin.

40. Les dispositions concernant les vendanges fraîches qui constituent une innovation et un changement à l'état antérieur nécessitent quelques précisions :

1º Le raisin de table ou comestible circule librement et en tous lieux, à la seule condition de ne pas excéder, pour une seule expédition, un volume de plus de 10 hectolitres. L'achat et la revente des raisins consommés en nature sont ainsi assurés. Faire une exception que rien ne justifie, dans les textes, pour les raisins de table, ce serait s'exposer à rendre la nouvelle disposition sans portée efficace.

2º Les vendanges fraîches expédiées en récipients étanches ou non étanches, dans la limite de 10 hectolitres en volume, assurent l'approvisionnement des particuliers qui voudraient fabriquer du vin pour leur consommation personnelle. Les expéditions successives à une même personne ne sont pas limitées (voir ci-dessous, § 5).

3° Dès que l'importance de l'expédition dépassera 10 hectolitres, la vendange fraîche acquittera, pour la totalité de l'enlèvement, un droit de circulation de 1 fr. 50 par hecto de vin y présumé contenu, en calculant le volume de trois hectolitres de vendange comme équivalant à deux hectolitres de vin. Ce qui revient à dégager une somme de 1 franc par hectolitre de vendange.

4° Les quantités ne sont point reconnues au poids comme pour les sucres et les raisins secs, mais au volume, et dix hectolitres de vendange correspondent à un mètre cube de capacité.

5° Pour faciliter les opérations d'enlèvement de récoltes aux producteurs et fermiers, il est établi un rayon de franchise dans lequel les vendanges fraîches circulent librement quels que soient leur volume ou leur quantité et qui embrasse l'arrondissement de récolte et les cantons limitrophes de cet arrondissement. Ce rayon est fort étendu et diffère, à ce point de vue, de celui qui a été établi pour les vins des récoltants, dont la zone est beaucoup plus restreinte.

6° Les raisins et vendanges fraîches voyageant par volume supérieur à un mètre cube, accompagnés du titre de mouvement qui justifiera du paiement des droits, seront soumis, lors de la revente en quantités supérieures à 10 hectolitres, au paiement de nouveaux droits, car il est de principe absolu que le droit de circulation doit être perçu à chaque déplacement de vins ou de marchandises y assujetties ; ne serait-il pas d'ailleurs impossible de vérifier l'identité des marchandises mises en mouvement avec celles qui auront précédemment payé les droits ?

7° La franchise assurée aux quantités inférieures à 10 hectos de vendange fraîche, en tous lieux, ne s'applique pas aux particuliers et marchands qui les destineraient à fabriquer des vins en vue de la vente ; les dispositions de l'article 8, paragraphe 2 et 3, prévoient ce cas. Le particulier paiera le droit afférent aux vendanges fraîches, mais il devra préalablement en faire la déclaration au bureau de la régie et acquitter la licence de marchand en gros ou de débitant.

Le débitant devra acquitter les droits immédiatement après la fabrication, s'il les a reçues sous acquit-à-caution comme la loi lui en donne la faculté.

41. Les formalités concernant le transport et les droits sur le vin sont de tous points applicables aux vendanges. Les titres de mouvement énonceront, en même temps que leur volume, les quantités de vin qu'elles représentent, calculées sur les bases ci-dessus.

Lorsque les envois seront effectués en vue de servir à la fabrication de vins destinés à la vente, le transport pourra s'effectuer sous acquit-à-caution, quel que soit le lieu de destination (Loi du 29 décembre 1900, art. 8, § 2 et Circ. de la régie du même jour.)

42. Aucun texte n'affranchit les vendanges fraîches destinées à *l'exportation*. Elles devront, dès lors, lorsqu'elles voyageront en quantités supérieures à 10 hectolitres, acquitter le droit de circulation vers la frontière.

A *l'importation*, les vendanges fraîches sont frappées d'une taxe de douane de 25 fr. par 100 hectos au tarif général et de 12 fr. au tarif minimum. Une fois la frontière franchie, elles reprennent leur rang d'égalité avec les vendanges nationales et sont assujetties à un nouveau droit de circulation intérieure de 1 fr. par hectolitre de vendange sur la quantité totale quand elle dépasse 10 hectolitres ou un mètre cube.

———

Vermouts naturels et vins de liqueurs. — Nous renvoyons l'étude du régime de ces boissons au chapitre des alcools.

§ 4. — DE LA VENTE DES VINS

43. Le droit de circulation sur le vin, avec la déclaration qu'il nécessite dans un bureau de régie pour obtenir le titre de mouvement, frappe le vin en lui-même et dans la proportion rigoureusement limitée aux quantités qui circulent ; mais d'autres impôts frappent les vins dans la personnalité de ceux qui en font le commerce.

Le commerce du vin comprend deux branches bien distinctes : « les marchands en gros » et « les marchands en détail », désignés par la loi sous le nom de débitant.

Dans le langage ordinaire, comme dans le langage juridique, le commerçant est celui qui achète pour revendre et qui poursuit un bénéfice dérivant uniquement de sa situation d'intermédiaire.

Dans la terminologie des contributions indirectes, le marchand est bien celui qui achète pour revendre, mais, de plus, la régie considère comme marchands de vins, et, par suite, soumet à sa réglementation et à ses impôts des personnes qui vendent sans avoir acheté, dans certaines conditions que nous allons énumérer :

De là, une distinction fondamentale au point de vue spécial qui nous occupe, entre les récoltants ou propriétaires-récoltants et les marchands de boissons. La distinction est d'autant plus importante qu'elle s'applique aux boissons fermentées de toute espèce aussi bien qu'aux spiritueux.

1° Récoltants ou propriétaires récoltants

44. Le récoltant est celui qui, propriétaire du sol, fermier ou colon partiaire (art. 20 du décret du 17 mars 1852), est adonné à la culture de la vigne et consomme ou vend les récoltes de son cru.

C'est au propriétaire récoltant qu'il appartient de justifier, en cas de dissentiment avec les agents du fisc, qu'il

a la jouissance des locaux d'enlèvement et de destination
de vins, quand il fait circuler ses boissons dans le rayon
affranchi.

Cette justification résulte d'un certificat du maire de la
commune.

45. Les récoltants jouissent, à juste titre, de l'exemption des droits dans les circonstances suivantes :

1° Ils ne sont assujettis, pour la vente en gros de leur
récolte sur place, à aucune déclaration, ni soumis au droit
de licence, ni au droit de circulation pour leurs vins de
consommation sur place ;

2° Pour les transports de vins effectués de leur pressoir ou
d'un pressoir public à leurs caves ou celliers, ils jouissent
de la même franchise, destinée à faciliter leur exploitation ;

3° Pour les transports de vins d'une cave à une autre de
leurs caves située dans le canton de récolte et les communes limitrophes de ce canton, ils sont également affranchis
du paiement et des droits de circulation (art. 2, § 2). Tout
cela, dans le but exclusif de favoriser les exploitations
vinicoles. La franchise n'existe plus pour le transport des
vins à consommer par le propriétaire ailleurs que sur les
lieux de production et dans le rayon de franchise.

4° Quand ils se font expéditeurs de leurs vins renfermés
dans leurs celliers, les transports s'effectuent obligatoire-
ment en franchise, s'ils sont à destination d'entrepositaires
marchands en gros ou de débitants établis dans les campagnes et dans les agglomérations de moins de 4.000 habitants, et ce avec acquit-à-caution.

En dehors de ces cas, toutes les expéditions que fait le
récoltant, supérieures ou inférieures à 25 litres, sont frappées du droit de circulation exigible à l'enlèvement.

Afin d'assurer le contrôle des agents dans ces circulations en franchise dans le rayon indiqué, la loi assujettit
les récoltants à une formalité qui consiste à détacher d'un
carnet à souche, mis à leur disposition, des laissez-passer,

dont le coût est fixé, pour chacun d'eux, à 0 fr. 10 cent.

Toute circulation de vins dans les limites territoriales indiquées qui ne serait pas accompagnée du laissez-passer ou dont le laissez-passer contiendrait des indications inexactes sur les quantités transportées, leur provenance et leur destination, ainsi que le nom du propriétaire, donnerait lieu à la perception des droits de circulation, quelle que soit la quantité.

A défaut de registre renfermant les laissez-passer mis à leur disposition, les récoltants sont tenus de prendre au bureau de la régie un titre de mouvement moyennant la seule perception du prix du timbre.

Pour obtenir un registre de laissez-passer, les récoltants sont tenus de faire la déclaration des quantités par eux récoltées, et les boissons mises en circulation ne pourront excéder les quantités déclarées par eux, à peine de payer les entiers droits de circulation sur les quantités excédant leur récolte.

Cet excédent sera calculé, déduction faite des boissons expédiées par les récoltants, avec congés ou acquits-à-caution.

Si la limite du rayon de franchise venait à être dépassée par les boissons appartenant aux propriétaires récoltants, le droit de circulation serait exigible sur les quantités qui auraient bénéficié indûment de la franchise, indépendamment des pénalités encourues (Circ. de la régie du 29 décembre 1900).

5° L'expédition des vins par le récoltant au consommateur mettra le premier dans la nécessité d'acquitter le droit de circulation. Cette obligation cesse pour le propriétaire qui vend son produit pris en cave, soit aux particuliers qui font enlever le chargement sur place, soit au débitant et au marchand en gros, qui peuvent recevoir les boissons sous acquit-à-caution (V. n° 52).

6° L'abolition du droit de détail par la nouvelle loi entraîne cette autre conséquence que le propriétaire peut vendre sur place aux consommateurs son vin au détail, c'est-à-dire par quantités inférieures à 25 litres en cercles ou en bouteilles. Ces vins doivent être enlevés par l'acheteur en payant le droit de circulation.

En fait, la situation ancienne des récoltants n'a pas été modifiée de ce chef.

Le rayon de franchise de circulation est ici plus restreint qu'en matière de vendanges fraîches, puisque dans ce dernier cas la circulation en franchise est accordée dans l'*arrondissement* de récolte et dans les cantons limitrophes de cet arrondissement (art. 1. §4), tandis que, pour les vins, la circulation exonérée de droits n'est permise que dans le *canton* de récolte et les communes limitrophes de ce canton (art. 2, § 2).

Le laissez-passer cesse d'être exigible pour les petites quantités transportées à bras ou à dos d'homme ; elles peuvent circuler librement dans les mêmes limites territoriales, à la condition d'être transportées par le propriétaire ou ses agents et préposés, de leur pressoir ou d'un pressoir public à leur cave ou de l'une à l'autre de leurs caves.

Le rayon de franchise est déterminé par la situation du lieu où les vins ont été entonnés immédiatement après la récolte (circ. du 30 octobre 1857) ; pour les vins de pressoir, c'est à l'enlèvement du pressoir que commence la circulation de la boisson. Ce pressoir ne peut être arbitrairement choisi dans un lieu éloigné, ce doit être le pressoir voisin du lieu de récolte, où le récoltant a dû transporter ses marcs.

Au-delà de ces limites, les vins du récoltant ne peuvent circuler qu'accompagnés d'un titre de mouvement, congé ou acquit-à-caution constatant ou garantissant le paiement du droit.

Nota. — A la séance du Sénat du 26 décembre 1900, le ministre, interrogé sur le point de savoir si la tolérance accordée au propriétaire récoltant de faire circuler son vin en franchise du pressoir banal dans sa cave serait étendue à l'acheteur de vendanges ou de pommes qui aurait fabriqué du vin pour sa consommation personnelle, a répondu que sur ce point des instructions seront données au service pour qu'il se montre particulièrement bienveillant dans les cas de ce genre. Mais il s'est opposé à l'introduction d'une disposition de cette nature dans le texte de la loi.

46. Le récoltant qui veut faire des vins naturels vinés pour arrêter la fermentation en cours doit en faire la déclaration conformément aux prescriptions de l'article 22 de la loi du 13 avril 1898 (voir ci-dessus au paragraphe des vins naturels).

47. Les droits du propriétaire récoltant s'arrêtent à ces cas particuliers. Ainsi, il ne peut vendre son vin au détail dans d'autres locaux que ceux du lieu de production sans faire une déclaration préalable au bureau de la régie comme quoi il se propose de détailler les vins de ses récoltes, acquitter les droits de licence du débitant, droit variable selon les indications du tableau annexé à l'article 1er de la loi, ainsi que les taxes générales et locales sur les boissons destinées à la vente et de se soumettre à toutes les obligations des débitants (art. 8, § 1).

Nous retrouverons ces obligations au titre des débitants (nos 51 et suiv.). « Quoi qu'il en soit, dit la circulaire de la régie du 29 décembre 1900, les quantités inférieures à 25 litres expédiées par les récoltants à des consommateurs sont, dans les villes rédimées, comme partout ailleurs, Paris compris, indistinctement frappées du seul droit de circulation ».

Le récoltant vendant au détail devra déclarer toutes les boissons qu'il possède, même celles qui sont placées ailleurs que dans son domicile ou le lieu de son débit, et indiquer la quantité de boisson de son cru dont il entend faire la vente au détail et se soumettre à ne vendre aucune boisson autre que celle de son cru.

Les ventes doivent être faites par les propriétaires ou

par des domestiques à leurs gages, dans des maisons à eux appartenant ou qu'ils auront louées par bail authentique.

Il est alloué, comme aux autres débitants une remise de 3 0⌐0 (Loi de 1816, art. 85. et loi du 25 juin 1841, art. 24) aux récoltants vendant au détail les boissons de leur cru.

Par suite de la suppression de l'exercice, ils doivent acquitter immédiatement la taxe générale de 1 fr. 50 par hecto sur toutes les boissons destinées à la vente au détail ainsi que les taxes locales, à moins qu'ils ne s'établissent débitants dans une localité de moins de 4 000 habitants.

Ils sont libres d'établir leur vente au détail sur des vaisseaux d'une contenance supérieure à 5 hectolitres (loi de 1816, art. 86, circ. 506 du 30 octobre 1857), l'ancienne réglementation n'ayant plus sa raison d'être.

Nota. — Dans la séance du 26 décembre 1900, au Sénat, le Ministre des finances fut interrogé ainsi : « Je demande à M. le Ministre de nous donner la nomenclature des personnes qui vendent au détail les boissons. Je suis propriétaire, j'ai jusqu'ici vendu mon vin au détail, sans prendre aucune licence, et par 25 litres. Si je continue à vendre mon vin par 25 litres, au détail, serai-je soumis aux investigations de la régie comme le porte l'art. 1 §8 de la loi ? » M. Caillaux répondit : « Il n'y a que les personnes qui acquittent le droit de licence d'après la définition qui en est donnée par la loi de 1816 qui sont soumises aux visites en question. Il faut être marchand. »

48. Les propriétaires peuvent aussi être considérés comme marchands en gros et se trouver assujettis aux obligations de ces derniers, quand ils reçoivent ou expédient soit pour leur compte, soit pour le compte d'autrui, des boissons tant en cercles qu'en bouteilles par quantité supérieure à 25 litres (art. 98, loi de 1816), à moins qu'il ne soit prouvé que le vin expédié n'est pas le même que le vin acheté et que ce dernier était destiné à leur consommation personnelle et de famille.

Les propriétaires récoltants qui achètent des vins pour les mélanger avec ceux de leur récolte doivent prendre une licence avant de vendre leur vin et seulement au moment de la vente (Olibo, II, p. 39).

49. Les récoltants peuvent prendre position de marchands :

1° A raison des boissons transportées en dehors du rayon de franchise déterminé par la loi (canton et communes limitrophes) ;

2° A raison des boissons transportées qui circuleraient sans laissez-passer ;

3° Quand, pour vendre leurs récoltes, ils les transportent dans des locaux autres que les locaux d'exploitation ou de production et dans tous les locaux situés en dehors de ce rayon.

La loi de 1811 (art. 15, 16) et le décret de 1852 (art. 20) indiquent que le propriétaire qui voudra transporter ses boissons dans des locaux situés hors du rayon de franchise ne pourra les faire voyager sans payer les droits (sous acquit-à-caution) qu'autant qu'il se soumettrait à toutes les obligations du marchand en gros — licence exceptée.

Mais avant de commencer la vente en gros ou en détail dans les nouveaux locaux, la licence est de rigueur (art. 1 § 8, loi de 1900).

Marchands en gros ou en détail, les récoltants sont assujettis au paiement de la licence et classés, quand ils ne paient pas patente, par assimilation, d'après la nature de leurs opérations (art. 1er § 8, loi du 29 décembre 1900).

Les visites des employés chez les récoltants transformés en débitants auront lieu d'après les règles et conditions ci-après.

Elles ne pourront s'exercer dans le domicile privé qu'en conformité de l'article 237 de la loi de 1816.

50. En dehors de ces cas, les propriétaires-récoltants

sont de simples particuliers chez lesquels le droit de visite dans les celliers est strictement réglementé et soumis par l'art. 237 de la loi de 1816 à deux formalités dont l'omission frapperait de nullité les actes des employés :

1° Ces derniers doivent être porteurs d'un ordre d'un employé supérieur, du grade de contrôleur au moins, et exhiber cet ordre au particulier qu'ils visitent, à moins que l'employé supérieur ne soit présent, signale sa présence au particulier et la mentionne dans le procès-verbal ;

2° Ils doivent être assistés d'un magistrat d'ordre judiciaire ou administratif, commissaire de police, maire, adjoint ou premier conseiller municipal, en cas d'empêchement du maire ou de l'adjoint (Cass. 20 juillet 1878, 11 décembre 1875, 27 juillet 1889).

Ces mesures de garantie de l'inviolabilité du domicile cessent d'être applicables et de limiter l'action des employés lorsque ceux-ci sont à la suite de la fraude et en cas de contravention actuelle et flagrante et notamment lorsqu'ils suivent un chargement suspect qu'on introduit dans une habitation pour le soustraire à leur vérification (Cass. 21 juillet 1876.)

2° Des débitants

51. On appelle débitants, tous ceux qui vendent en détail sur place, soit à pot renversé, soit à assiette, des boissons sujettes à l'impôt. Les articles 50 et 51 de la loi de 1816 en fournissent l'énumération, complétée par la jurisprudence. Sont débitants : les cabaretiers ou débitants de boissons à consommer sur place, aubergistes, traiteurs, restaurateurs, maîtres d'hôtel garni, cafetiers, liquoristes, buvetiers, débitants d'eau de vie, concierges ou autres donnant à manger au mois ou à l'année, ainsi que tous ceux qui se livrent à la vente en détail du vin, eaux-de-vie, esprits et liqueurs, ainsi que les cantiniers des troupes, à l'exception de ceux qui sont établis dans les camps, forts et citadelles, pourvu qu'ils ne reçoivent que des militaires et qu'ils aient une commission du Ministre de la guerre.

Sont encore rangés dans la classe des débitants :

1° Les personnes tenant pension bourgeoise et donnant à manger au jour, au mois et à l'année ;

2° Les concierges et geôliers qui ont obtenu de l'autorité la faculté de donner à boire et à manger aux détenus ;

3° Les tenanciers de chambrées, cercles ou sociétés où il se consomme des boissons ;

4° Les sociétés coopératives qui achètent des boissons en gros pour les revendre aux sociétaires (Cass., 20 juin 1873).

Les syndicats agricoles ne rentrent pas dans cette nomenclature, à moins qu'il ne soit établi qu'ils ont livré du vin à des personnes étrangères à l'association (Cass., 28 nov. 1889).

5° Les entrepreneurs et patrons qui, ne nourrissant pas leurs ouvriers, leur vendent, à volonté, du vin dont le prix est prélevé sur leur salaire, à moins que la fourniture ait lieu en exécution du contrat de louage et qu'elle constitue une partie intégrante du salaire.

Toutefois on ne peut considérer comme tenant pension le médecin qui reçoit chez lui des malades, des convalescents et qui, en leur donnant les soins qu'exige leur état de santé, leur fournit les aliments et le vin..

52. Tous les débitants sont tenus de faire une déclaration à la Régie et de se faire délivrer une licence avant de commencer leur commerce : là se bornent leurs obligations. Néanmoins, ceux d'entre eux qui veulent ouvrir un café, un cabaret ou autre débit de boissons à consommer sur place, sont, en outre, tenus de faire, quinze jours avant d'ouvrir leur établissement, une déclaration par écrit à la mairie — ou à la préfecture de police, à Paris — et de se conformer aux mesures de police édictées par la loi du 17 juillet 1880.

53. Les débitants ne peuvent livrer leurs boissons que sur place, car il est du principe qu'à chaque enlèvement ou déplacement, le vin doit payer le droit de circulation (art. 1, loi de 1816). De là l'interdiction pour les débitants de livrer des vins au-dehors de leurs magasins sans un congé constatant le paiement du nouveau droit sur les vins déplacés. Exceptionnellement et par tolérance, l'administration les a toujours autorisés à livrer en franchise et à domicile aux consommateurs, jusqu'à concurrence de six bouteilles.

54. Les débitants ne peuvent recevoir des vins, dans certaines localités, qu'en vertu d'acquits-à-caution délivrés au moment de l'enlèvement de la boisson et garantissant le paiement des droits vis-à-vis de l'administration des Contributions indirectes, savoir : pour le débitant d'une ville de 4,000 habitants et au-dessus, ou d'une ville pourvue d'octroi, au moment de l'enlèvement ou de l'introduction ; dans toutes les autres localités, dans les quinze jours qui suivent l'expiration du délai fixé pour le transport (art. 2 et 4 loi de 1900). Les marchandises voyageant forcément, dans ce dernier cas, sous acquit-à-caution.

Quant aux débitants forains, qui, à l'occasion d'une foire, d'une vente ou d'une fête publique (art. 10, loi du 17 juillet 1880), établiraient des cafés ou débits de boissons, ils devront se munir d'une licence représentant le montant des droits applicables aux licences dans les communes de 500 habitants et au-dessous. Elles varient, d'après la classe, de 5 francs à 18 francs par trimestre. (Loi de 1900, art. 1er, § 11.)

55. Un débitant ne peut, sans déclaration préalable, se livrer à la fabrication des vins au moyen de vendanges fraîches achetées par lui, sans en avoir fait une déclaration préalable à la régie, et il aura le choix, soit de recevoir les vendanges sous acquit-à-caution et de payer les droits de circulation sur le vin immédiatement après chaque fabrication, soit de payer les droits de circulation afférents aux vendanges fraîches au moment de l'enlèvement. (Loi de 1900, art. 8, § § 2 et 3.)

56. La suppression des droits de détail a amené la suppression de l'*exercice* vis-à-vis des débitants et a considérablement simplifié pour eux, comme pour l'administration, le régime des vins. L'unification de la taxe unique de circulation a encore augmenté cette simplification. Aussi, la vigilance des agents n'a plus à s'exercer que sur les circulations en fraude des boissons qui ne seraient pas accompagnées d'un titre de mouvement régulier, ou les fabrications clandestines.

Mais, à l'exercice complètement supprimé, a succédé le droit de visite chez les débitants qui a été maintenu par l'article 5. Au cours de la délibération au Sénat, un amendement fut soutenu dans le but d'autoriser les débitants à s'exonérer de la visite en les admettant à contracter des abonnements avec l'administration. Cet amendement fut repoussé : le droit de visite est donc absolu et général, avec les distinctions ci-dessous.

57. L'exercice ancien impliquait le droit pour les agents en pénétrant dans les magasins de vente, de vérifier non-seulement la qualité, mais aussi la quantité des boissons ; on pouvait jauger les barriques, calculer à chaque instant ce qui était débité et pénétrer dans le domicile particulier du débitant.

La visite, d'après le rapporteur à la Chambre et le ministre des finances, diffère de l'exercice en ce que les employés n'ont plus le droit que de pénétrer dans les locaux industriels ou commerciaux sans pouvoir, sous aucun prétexte, pénétrer dans le domicile privé, à moins de se conformer à l'article 237 de la loi de 1816; les agents n'ont plus à vérifier les quantités vendues, mais seulement la qualité au point de vue des fraudes commerciales; ils n'auront pas à se préoccuper de la rentrée de l'impôt.

Voici d'ailleurs comment s'exprime sur ce point la circulaire de la régie du 29 décembre 1900 :

« Tandis que l'exercice avait pour objet la constatation même de l'impôt et, par suite, impliquait nécessairement des vérifications approfondies et souvent répétées, les visites que le service conserve la faculté d'effectuer chez les débitants désormais tenus de payer les droits à l'arrivée, auront uniquement pour but de prévenir les fraudes ou de les réprimer. Il n'est, dès lors, pas possible d'établir des règles précises et générales sur le plus ou moins de fréquence de ces visites. Les directeurs guideront le service à cet égard d'après les situations individuelles et les circonstances locales. Il est évident que le débitant convaincu de se livrer habituellement à la fraude devra être l'objet d'une surveillance particulière. Il va sans dire aussi que, du moins au point de vue fiscal, les vérifications autorisées par la loi présenteront surtout de l'intérêt dans les pays de production où l'alimentation clandestine des débits est facile. Mais, en thèse générale, le nombre des visites devra être limité à ce qui sera nécessaire tant pour la sauvegarde des droits du Trésor que pour la répression des fraudes commerciales, c'est-à-dire que dans la plupart des cas, le service adoptera, pour les vérifications à faire chez les débitants, les pratiques admises pour les inventaires effectués chez les marchands en gros. »

58. Néanmoins, l'article 5 de la loi de 1900 établit deux catégories de débitants au point de vue du droit de visite : 1° les débitants qui exercent dans les villes où il existe une surveillance effective et permanente aux entrées : ils restent affranchis de la visite simple ; 2° ceux qui exercent dans les localités où cette surveillance fait défaut.

Ces derniers, qui ne peuvent recevoir leurs boissons que sous acquit-à-caution, pourraient trouver des facilités considérables pour s'approvisionner de vins circulant en fraude et sans payer les droits, et la visite devient nécessaire pour vérifier les excédents en magasin, par rapport aux marchandises reçues avec titre de mouvement, ou pour opérer des prélèvements qui permettent de contrôler la parfaite innocuité et loyauté des boissons en vente et surtout découvrir les fabrications de vins artificiels.

Cette visite ne peut s'opérer que dans les locaux commerciaux et nullement dans le domicile privé, à moins d'une autorisation d'un agent supérieur, du grade de contrôleur au moins et avec l'assistance du commissaire de police, maire, adjoint ou conseiller municipal, conformément à l'article 237 de la loi de 1816.

Il est bon d'ajouter que pour les débitants de la première catégorie, en cas de soupçon de fraude, la visite avec le commissaire de police pourra toujours avoir lieu sur l'ordre d'un contrôleur.

59. Une disposition transitoire de la nouvelle loi, article 17 § 4, déclare que dès la mise en vigueur, c'est-à-dire dès le 1er janvier 1901, en ce qui concerne les vins, cidres, poirés, hydromels chez tous les débitants, les droits afférents aux quantités trouvées en restes seront immédiatement exigibles et que les abonnements antérieurs sont résiliés de plein droit ; c'est une conséquence de la suppression de l'exercice et des comptes des débitants avec la régie, ainsi que de la suppression du droit de détail.

3° Des marchands en gros

60. Les marchands en gros sont ceux qui vendent principalement des vins ordinaires par pièces ou des vins fins par paniers, soit aux marchands au détail, soit aux cabaretiers, soit aux consommateurs.

L'article 98 de la loi de 1816, modifié par l'article 16 du décret du 17 mars 1852, considère comme marchand en gros tout particulier qui recevra ou expédiera, soit pour son compte, soit pour le compte d'autrui, des boissons en quantités égales ou supérieures à 25 litres.

Les propriétaires récoltants sont exclus de cette énumération, mais ils peuvent y être compris s'ils ont pris position de marchands en gros, comme il a été expliqué ci-dessus, soit en achetant des vins pour mélanger aux vins de leur récolte, soit en achetant des vendanges fraîches dont le produit de la fabrication ne serait pas destiné à leur consommation personnelle, mais à la vente (art. 8, § 2, loi de déc. 1900).

D'après la loi du 19 juillet 1880 (art. 17), la vente au détail était autorisée pour les marchands en gros, à condition qu'elle fût effectuée dans des magasins séparés par la voie publique des magasins de gros. Cette réglementation n'a plus sa raison d'être à la suite de la suppression du droit de détail. Le marchand en gros peut détailler les vins par quantités inférieures à un hectolitre en cercles ou en bouteilles, en assurant le paiement du droit de circulation qui sera prélevé, en l'absence d'expéditions, par la taxation de ses manquants (art. 7, loi de 1900).

61. Aux termes de l'article 99 de la loi du 28 avril 1816, ne sont pas considérés comme marchands en gros les particuliers recevant une pièce, une caisse ou un panier de vin pour le partager avec d'autres personnes, pourvu que dans sa déclaration l'expéditeur ait énoncé, outre le nom et le domicile du destinataire, ceux des co-partageants et la quantité destinée à chacun d'eux. Il en est de même des personnes qui, changeant de domicile, vendent les boissons qu'elles auront reçues pour leur consommation, ou les héritiers qui vendent la récolte ou les provisions de leur auteur, qui n'était ni marchand en gros, ni débitant, ni fabricant de raisins secs.

62. La première des obligations qui incombe aux marchands en gros, c'est la déclaration des quantités, espèces et qualités des boissons qu'ils possèdent, tant dans le lieu de leur domicile qu'ailleurs (art. 97, loi de 1816), ce qui s'entend des quantités qui proviendraient même de leurs

6

récoltes, seraient-elles possédées dans une commune située en dehors du département où ils exercent leur commerce (Cass. 14 juin 1895), la propriété serait-elle possédée par indivis (Cass. 21 juillet 1877), notamment par une Société en nom collectif.

Ces déclarations doivent être faites fût par fût, récipient par récipient (Besançon, 16 mars 1899), et il est accordé une tolérance de 5 0[0 entre les déclarations et la contenance véritable.

63. Ils doivent, de plus, avant de commencer leurs opérations commerciales, consistant à recevoir ou expédier des boissons, obtenir une licence qui ne sera valable que pour un seul établissement et payable par trimestre.

La licence est l'impôt sur les personnes qui vendent des boissons hygiéniques, comme le droit de circulation est l'impôt sur les boissons elles-mêmes.

Le droit de licence est toujours dû pour le trimestre entier, à quelque époque que commence ou cesse le commerce (art. 171, loi de 1816 ; art. 44, loi du 24 avril 1832). La licence — voir ci-dessus n° 6 — a été rendue proportionnelle, dans une certaine mesure, à l'importance des affaires des marchands en gros. La loi les a divisés en trois classes, suivant que leurs ventes annuelles, qui seront comptées de l'arrêté, avec la régie, de décembre à l'arrêté de décembre suivant :

1° Ceux dont les ventes annuelles ne dépassent pas 1.000 hectos de vin : montant trimestriel, 50 francs ;

2° Ceux dont les ventes sont comprises entre 1.001 et 2.500 hectos : montant trimestriel, 75 francs ;

3° Ceux dont les ventes dépassent 2.500 hectos : montant trimestriel, 125 francs.

La proportionnalité s'arrête à ces quantités et devient très avantageuse pour les grosses maisons de commerce qui font des affaires dont l'importance peut être illimitée. Quand le commerce a commencé dans le courant d'une année, le classement est déterminé par le chiffre de quantités vendues durant la période comprise entre l'ouverture et l'arrêté de décembre.

En tous cas, c'est d'après le chiffre réel des ventes que sera classée la licence et non sur celui des entrées en magasin. Ce chiffre sera obtenu en défalquant des entrées en magasin :

1° Les sorties pour les transports d'un magasin à un autre magasin de gros ;

2° Les manquants couverts par la déduction légale.

Le montant de la licence trimestrielle n'en sera pas moins payé d'avance, quoique la tarification soit encore incertaine. Les résultats des années antérieures serviront de présomption vis-à-vis des marchands en gros existant avant le 1er janvier 1891, et pour les commerçants à leurs débuts, on appliquera le tarif le plus bas, sauf rappel, en fin d'exercice et, dans les deux cas, pour faire compléter le droit légalement exigible.

64. Pour le marchand en gros vendant plusieurs espèces de boissons, la détermination du chiffre de la licence sera faite d'après la catégorie la plus élevée à laquelle le rattache la vente d'une des espèces de boissons.

Le tableau de l'article 1 impose, en effet, à 50 francs par trimestre ceux qui vendront moins de 100 hectos d'alcool ou de 1.000 hectos de vin ; à 75 francs, ceux qui vendent de 101 à 250 hectos d'alcool, et 1,001 à 2.500 hectos de vin, à 125 francs par trimestre, ceux dont la vente dépasse annuellement 250 hectos d'alcool et 2.500 hectos de vin. De telle sorte que le marchand en gros qui aura vendu 1.100 hectos de vin et 25 hectos d'alcool, paiera pour le tout, la licence de la deuxième catégorie, soit 75 francs par trimestre et celui qui aura vendu 260 hectos d'alcool et seulement 800 hectos de vin, paiera la licence la plus élevée, 125 francs par trimestre.

65. Les entrées de magasin chez les marchands en gros ont lieu en vertu d'acquits-à-caution qui servent à établir leur compte vis-à-vis de la régie. Les sorties donnent lieu au paiement immédiat des droits de circulation, si elles sont à destination des particuliers ou consommateurs, et si elles sont à destination des débitants, elles sont accompagnées d'un acquit-à-caution qui assurera le paiement du droit à l'entrée dans les localités surveillées et dans la quinzaine de l'expiration du délai de transport dans les localités non surveillées de 4.000 habitants et au-dessous.

66. Les marchands en gros ne peuvent se livrer à la fabrication des vins, cidres, poirés ou hydromels, en vue de la vente, sans faire à la régie une déclaration préalable de fabrication, tout comme les débitants et les récoltants qui voudraient fabriquer en vue de la vente. Les boissons par eux fabriquées sont prises en charge et figurent à leur entrée au registre portatif. Cette fabrication ne peut, en aucun cas, être faite qu'avec des vendanges fraîches, les vins artificiels de sucre et de raisins secs étant ou interdits ou soumis au régime de l'alcool.

67. Les marchands en gros sont particulièrement régis par les articles 8, 9, 10 et 11 de la loi du 19 juillet 1880, qui les oblige à déclarer les vaisseaux foudres et récipients d'une capacité supérieure à 10 hectolitres déjà installés dans leurs magasins quant à leur contenance, qui doit être marquée sur chacun d'eux.

Pour les vaisseaux ou foudres anciens modifiés dans leur contenance, comme pour ceux qu'ils veulent installer à nouveau, ils doivent les déclarer et en faire vérifier la contenance avant d'en faire usage en fournissant l'eau et les ouvriers nécessaires pour vérifier par l'empotement de ces vaisseaux les contenances déclarées — le tout en présence des agents qui en dresseront procès-verbal. Chaque vaisseau portera un numéro et l'indication de sa contenance en hectolitres. (Art. 117 et 118, loi du 28 avril 1816.)

68. L'état de compte permanent existant pour le crédit des droits entre la Régie et les marchands en gros rend nécessaire l'exercice et les visites par les agents afin d'arrêter les sorties et les entrées frauduleuses et aussi de prévenir les fraudes commerciales et préparer des recensements aussi loyaux que possible qui déterminent la classe de la licence et assurent le paiement des droits sur les boissons disparues.

C'est dans les articles 101 de la loi de 1816, 1er de la loi du 23 avril 1832 et 9 du 19 juillet 1880 que sont précisées les conditions de l'exercice et des visites des agents sans que les marchands en gros puissent s'y opposer à peine d'être poursuivis pour refus d'exercice. Ces visites et exercices, qui ne peuvent avoir lieu que du lever au coucher du soleil, et dans les magasins, caves et celliers, ont pour but de reconnaître si les boissons reçues ou expédiées ont été soumises au droit.

L'article 7 de la loi de 1900 réglemente les perceptions sur les manquants et la répression à raison des excédents :

1° Les quantités reconnues manquantes seront frappées du droit de circulation et des droits d'octroi dans les villes où il en existe.

N'est pas comprise dans les manquants la déduction légale de 7, 8 ou 9 %, fixée par l'ordonnance du 21 décembre 1838 et le tableau y annexé, qui est destinée à couvrir des erreurs légères qui résulteraient de la non-concordance de leurs déclarations avec les écritures des employés, mais non de celles qui auraient été constatées au cours d'un recensement (Montpellier, 25 nov. 1897). C'est sur l'ensemble des déclarations effectuées et contrôlées que s'opère la déduction légale et non sur la quantité déclarée et reconnue sur chaque fût. (Besançon, 16 mars 1899.)

Cette tolérance pour les marchandises en magasin ne s'applique jamais aux boissons en circulation. (Cass., 22 mai 1823, 25 août 1813, 21 mai 1815.)

Ces dernières, en effet, jouissent d'une tolérance distincte, fixée à 1 % au profit des expéditeurs, soit sur la contenance, soit sur le degré, dans les déclarations d'alcools, spiritueux, vins, cidres, poirés, hydromels (loi du 21 juin 1873, art. 7).

2° Les quantités en excédent dénotent à n'en pas douter une introduction frauduleuse ou une fabrication clandestine ; elles ne seront relevées qu'à l'exercice final, mais donneront lieu à un procès-verbal pour contravention fiscale. (Art. 6, loi du 29 déc. 1900.)

69. Les commerçants de Paris ont fait l'objet d'une mesure de faveur qu'explique la facilité du contrôle et des recherches dans la capitale et l'absence antérieure de licence. Tout contribuable inscrit au rôle des patentes pour une profession impliquant le commerce des boissons ne sera pas nécessairement l'objet d'une poursuite correctionnelle s'il a omis de faire sa déclaration à fin d'obtention d'une licence. Il sera imposé d'office à la licence au moyen de l'émission d'un rôle rendu exécutoire par le Préfet. L'imposé aura trois mois à partir du paiement du premier terme de la licence de l'année pour produire ses contestations à l'encontre du rôle à lui notifié qui seront instruites et jugées, comme en matière de contributions directes, devant le Conseil de préfecture. (Art. 1er § 12, loi de 1900.)

70. Les marchands en gros destinataires de boissons qui arrivent dans leurs magasins — appelées de nouvelle venue — doivent les prendre en charge à leur compte pour les quantités énoncées sur le titre de mouvement. Ce n'est qu'au moyen du certificat de décharge délivré par les employés que l'acquit-à-caution se trouve régularisé et la boisson y énoncée, affranchie du droit de circulation qui la grèvera lors de la sortie des magasins pour aller chez le consommateur ou à l'entrée des magasins du débitant quand ce dernier en sera le destinataire.

71. A l'arrivée des marchandises nouvelles venues, les marchands en gros font la déclaration d'arrivée au registre n° 8 dans les localités où il n'y a pas d'employés, ou au registre d'entrepôt dans les lieux où les agents d'exécution sont en résidence ; ils doivent représenter les expéditions et aucun coupage, transvasement ou mélange ne peut être fait au moyen de ces boissons, sans la vérification du service de la régie, ou tout au moins, avant l'expiration du délai de 72 heures, après la déclaration d'arrivée (art 100 de la loi du 28 avril 1816 et 3 de la loi du 28 février 1872). L'administration admet la libre disposition des boissons 24 heures après la déclaration au registre n° 8, ou au registre n° 13 dans les lieux où les agents d'exécution résident (Circ. du 3 mars 1872).

72. Les agents de la régie tiennent les comptes d'entrées et de sorties de boissons chez les marchands en gros sur les registres portatifs dont les constatations font foi jusqu'à inscription de faux et les juges ne peuvent en atténuer la portée sous prétexte d'une erreur qui se serait glissée sur ces registres (art. 100, loi de 1816. — C. 9 mars 1852).

73. Les boissons gâtées dans les magasins de gros et destinées à la destruction, font l'objet d'une demande en décharge par les marchands en gros et leur effusion sur la voie publique doit toujours avoir lieu sous les yeux des agents, après vérification des quantités existant en magasin, et procès-verbal administratif en est dressé ; mais la décharge reste subordonnée à la décision de l'administration (Circ. du 2 mars 1892). Les quantités très importantes de boissons gâtées donnent lieu à un triple prélèvement d'échantillons qui sont adressés à l'administration.

Les boissons avariées destinées à la distillerie font l'objet de vérifications analogues et sont expédiées aux distilleries sous acquit-à-caution, pour être prises en charge comme matières premières par les distillateurs, à la fois pour leur volume et pour la quantité d'alcool pur qu'elles renferment (loi du 29 déc. 1900, art. 9).

Les pertes accidentelles, telles que rupture d'un vaisseau,

de futailles, incendie fortuit, faits de guerre, quand elles sont dûment reconnues et constatées par des procès-verbaux administratifs, donnent pareillement lieu à des décharges chez tous les négociants soumis aux exercices et visites des employés, et les règles ci-dessus leur sont applicables.

Les déchets pour coulage de route doivent être reconnus au moment du déchargement et déduits sur la quantité énoncée aux titres de mouvement avant la prise en charge. Si la reconnaissance de ces manquants accidentels ne peut avoir lieu au moment du déchargement, elle doit être provoquée et faite avant que les boissons aient été confondues avec celles existant en magasin et déjà prises en charge (Décisions 265 et 391.)

Les boissons volées doivent payer le droit de circulation dès l'instant qu'elles excèdent la tolérance légale de 5 0/0 et ne peuvent motiver une réduction plus considérable (Cass. 9 mars 1852).

74. Un marchand en gros qui veut cesser le commerce et échapper aux obligations que cette profession lui impose doit faire une déclaration de cessation de commerce. Cette déclaration produit ses effets immédiatement et une nouvelle déclaration est nécessaire pour la reprendre ; une simple rétractation ne suffit pas, et le marchand doit présenter une nouvelle caution (C. 14 juillet 1883).

La déclaration de cessation de commerce est interdite à tout commerçant en gros qui conserve en sa possession des boissons reçues à raison de son commerce en quantités excédant sa consommation personnelle et de famille. L'administration conserve la faculté, en ce cas, de ne pas admettre la déclaration de cessation de commerce (C. 18 juillet 1883). Les boissons restantes dans les limites de la consommation, doivent acquitter aussitôt le droit de circulation de 1 fr. 50 par hectolitre.

75. Une autre obligation est imposée aux marchands

en gros, c'est celle de fournir une caution d'après l'article
6 de la loi du 2 août 1872. Cette caution doit être capable
et solvable, ce dont la régie est seule juge, et s'engager
solidairement avec eux au paiement des droits généraux et
locaux constatés à leur charge. Le cautionnement est sous-
crit au registre 52 C pour une année complète finissant au
31 décembre, il ne peut être résilié que d'un commun accord entre la caution et la régie (art. 1134 Code civ.), ou en
cas de faillite du cautionné pour la période postérieure à
la déclaration de faillite, la résiliation s'opérant alors de
plein droit, et enfin au cas où la caution est devenue insol-
vable.

La caution est solvable quand elle possède des biens
suffisants pour répondre de l'obligation principale et pouvant couvrir une somme dépassant le montant des droits
éventuels qu'ils sont appelés à garantir.

Le mari et la femme peuvent se cautionner respective-
ment, à la condition, pour cette dernière, que les clauses de
son contrat de mariage, qui sont incommutables, ne s'y
opposent ou rendent son engagement inefficace.

Deux redevables peuvent aussi se cautionner mutuelle-
ment si la solvabilité de chacun est notoirement supérieure
à l'ensemble des crédits garantis par eux en qualité de
caution et d'obligé.

La caution doit, en thèse générale, être domiciliée dans
le ressort de la Cour d'appel où elle doit être donnée.

En cas de non renouvellement du cautionnement à
l'expiration de l'année, les marchands en gros cessent de
jouir du crédit des droits sur les marchandises, droits qui
deviennent immédiatement exigibles sur les quantités restantes au 31 décembre. Le recouvrement peut en être
poursuivi sans retard, même par voie de saisie du mobilier
et des marchandises qui forment le gage de la régie (C.
1er mai 1985.)

La faillite résiliant le cautionnement de plein droit, le
syndic, autorisé à continuer le commerce dans l'intérêt de
la masse des créanciers, doit présenter une caution nou-

vello ou obtenir le renouvellement du cautionnement de la
précédente caution.

§ 5. — Vins d'exportation et d'importation

76. Nous avons rapproché du titre des marchands en
gros la question des vins d'exportation dont le commerce
est, la plupart du temps, pratiqué par ces négociants.
Rien n'empêche le propriétaire de vendre ses produits
à l'exportation en se conformant aux règles ci-après.

L'article 5 de la loi du 28 avril 1816 accorde la franchise
du droit de circulation aux boissons qui seront enlevées
pour l'étranger ou pour les colonies françaises.

La franchise ainsi établie comporte une vérification
préalable au point de sortie (V. ord. du 20 oct. 1839, art. 3
et celle du 31 janvier 1840, décret du 21 décembre 1874,
du 23 mars 1878, du 20 novembre 1879, 30 avril 1881, 19 novembre 1883 et 5 décembre 1888). La désignation des
points de sortie par la frontière de terre se trouve consignée aux décrets et ordonnances ci-dessus cités; les points
de sortie par la voie de mer sont tous désignés par les
ports d'embarquement.

Les boissons doivent être accompagnées d'un acquit-à-
caution dont décharge est donnée aux points de sortie ou à
l'embarquement. (V. art. 2 à 33 du décret des 6 et 22 août
1791).

77. Les vins d'importation paient à l'entrée en douane le
droit de douane destiné à protéger la production nationale
et, une fois la frontière franchie, ils tombent sous le régime
des vins nationaux et sont assujettis au même droit de circulation.

1° Les vins provenant exclusivement de la fermentation
des raisins frais de 12 degrés et au-dessous sont taxés à
l'entrée en douane à 25 fr. par hecto au tarif général, et
12 francs au tarif minimum. Les degrés au-dessus paient

une taxe de douane égale au montant des droits sur l'alcool qui sont aujourd'hui portés par la loi du 29 décembre 1900 à 220 fr. par hecto d'alcool pur, soit 2 fr. 20 par degré hectolitre (0,022 mm. le degré litre.)

2° Les vins de raisins secs et toutes autres boissons non dénommées paient une taxe égale au droit de consommation sur l'alcool avec un minimum de perception de 30 francs par hectolitre de liquide au tarif général et 15 francs au tarif minimum (loi du 11 janvier 1892 modifiée par la loi du 1er février 1899).

78. Les moûts de vendanges au-dessus de 12° Baumé jusqu'à 20° 9 sont soumis au régime des confitures au sucre ou au miel (n° 95 du tarif des douanes du 11 janvier 1892), lesquels sont de moitié de la taxe sur les sucres raffinés de 60, soit de 30 francs par 100 kilos.

79. Les vins étrangers, importés en France doivent porter sur les récipients qui les renferment une marque indélébile, indicatrice du pays d'origine, — à défaut, ils sont exclus de l'entrepôt, du transit et de la circulation.

Les vins étrangers qui entrent en France en franchise et en transit ne peuvent être coupés ou mélangés, ni faire l'objet d'aucune manipulation sur le territoire français (loi du 1er février 1899, art. 2), à l'inverse de ce qui se produit pour le vinage des vins d'exportation, dont le vinage est autorisé aux points de sortie ou au port d'embarquement, en présence des employés, et dans la limite d'une force totale de 18° pour le liquide viné.

80. La loi du 29 décembre 1900 n'a pas été étendue à l'Algérie, qui reste dès lors en dehors de son champ d'application.

Le régime des vins algériens, quoique très semblable au nôtre, en diffère sur quelques points, et cette différence s'accentue en ce qui concerne l'alcool. Tandis que le droit de consommation, en Algérie, est de 100 francs par hecto d'alcool pur, la nouvelle loi l'a porté, en France, de 156 fr. 25 à 220 francs. Cette disproportion considérable est pleine de menaces pour les vins français. En supposant un vinage clandestin pratiqué en Algérie, à la cuve ou dans le vin, — vinage fort difficile à découvrir — il n'aura coûté que 1 franc par degré-hectolitre, soit, pour un vinage modéré de 2 degrés, une somme de 2 francs de droits, tandis qu'en France, le même vinage clandestin coûtera 4 fr. 40. Nous supposons, dans les deux cas, que l'alcool n'a pas échappé aux droits respectifs de consommation dans les deux pays.

81. Il est bon d'ajouter que, pour faciliter la bonne tenue des vins à la traversée, le vinage est autorisé en Algérie jusqu'à 12°,9. Il est opéré au port d'embarquement sous les yeux du service, qui dresse procès-verbal, et les quantités d'alcool versées paient, à l'arrivée en France, les droits de consommation sur l'alcool employé, au taux des tarifs français. Le commerce se porte de préférence sur ces vins, présentant une force alcoolique d'environ 13°, et les coupe avec des vins inférieurs, qu'il peut se procurer à bon compte.

CHAPITRE III

CIDRES ET POIRÉS

82. Les cidres et les poirés sont des boissons provenant exclusivement de la fermentation des pommes ou poires fraîches.

Cette définition s'évince de l'article 3, § 2, de la loi du 6 avril 1897, qui interdit la fabrication et la circulation en vue de la vente des cidres et poirés autrement que par la fermentation des pommes et poires fraîches. Cette prohibition fut établie dans le but d'arrêter l'invasion des pommes séchées d'Amérique et d'Allemagne.

Ils sont soumis à un droit de circulation de 0 fr. 80 par hecto.

La vente des pommes à cidre et des poires n'est ni réglementée ni imposée, comme celle des vendanges fraîches ; elle est au contraire affranchie par l'article 11 de la loi du 28 avril 1816.

83. Les cidres et poirés ne peuvent bénéficier du tarif réduit de 24 francs par 100 kilogs sur les sucres qu'à concurrence de 40 kilogs par membre de la famille et domestique attaché à la personne et seulement pour la consommation de famille. (Art. 16, loi du 29 décembre 1900).

Toutes les règles applicables aux vins que nous venons d'examiner, et relatives à la circulation, aux récoltants, débitants, marchands en gros, sont applicables aux cidres et poirés, sauf deux modifications :

1º Le droit de circulation est abaissé à 0 fr. 80.

2° Le droit de licence est calculé, pour les marchands en gros, sur une vente en quantité double de celle du vin soit : 50 francs par trimestre, lorsqu'ils vendent annuellement plus de 2,000 hectos de cidre — 75 francs, quand ils vendent entre 2,001 et 5000 hectos — 125 francs, lorsqu'ils vendent plus de 5,000 hectos de cidre ou de poiré.

84. *Importation.* — A l'importation, les cidres et poirés sont divisées en deux catégories :

1° Les boissons de moins de 6°, qui paient à l'entrée du sol français 0 fr. 70 par hectolitre au tarif général, et 0 fr. 50 au tarif minimum.

2° Les cidres et poirés titrant plus de 6° ; ils sont soumis au régime de l'alcool d'importation.

Enfin, les pommes et poires écrasées paient 2 francs les 100 kilogs au tarif général, et 1 fr. 50 au tarif minimum.

L'exportation bénéficie des franchises comme le vin, et est soumise aux mêmes formalités.

CHAPITRE IV

HYDROMELS

85. L'hydromel est une boisson faite, comme l'indique son nom, avec du miel et de l'eau.

Les règles concernant les vins, cidres et poirés et les personnes qui en font le commerce s'appliquent aussi à l'hydromel, sauf les exceptions qui suivent :

1° Le droit de circulation est de 0 fr. 80 l'hecto ;

2° Il n'y a pas de rayon de franchise pour la circulation des hydromels ; l'article 2, §2, de la loi du 29 décembre 1900 ne les mentionne pas, ce qui s'explique surabondamment par l'inutilité d'un pressoir pour la fabrication de l'hydromel ;

3° Les auteurs qui ont interprété les lois sur les boissons s'accordent à reconnaître qu'il n'y a pas de propriétaires récoltants en ce qui touche l'hydromel, et que, par suite, toute personne qui vend cette boisson est marchand en gros ou débitant, selon l'importance de ses opérations.

Il est à présumer qu'aucune difficulté n'a surgi à raison du peu d'importance de cette fabrication ; mais il n'en est pas moins vrai que la loi de 1900, dans son article 8, parle du propriétaire récoltant vendant les produits de sa récolte, et que le miel est une récolte au même titre que les autres, destinée à s'accroître avec les progrès de l'apiculture. Tous les textes, d'ailleurs, englobent les hydromels dans la même énumération, avec les vins, les cidres et les poirés.

Le tableau des licences annexé à la nouvelle loi, art. 1er §6, passe sous silence les hydromels. Mais il ne nous paraît pas douteux que les marchands en gros et débitants de cette boisson, doivent payer la licence, comme s'il s'agissait de cidre.

L'article 85 de la loi du 17 mars 1817 assimile les hydromels au cidre au point de vue de la licence.

A l'importation, les hydromels sont protégés par une taxe douanière de 20 francs par hectolitre aux deux tarifs.

DEUXIÈME PARTIE

LES SPIRITUEUX

7

CHAPITRE PREMIER

―――

L'ALCOOL

84. Les impôts indirects présentent une difficulté considérable, quant à leur perception, et nécessitent un personnel nombreux.

De tous les modes usités pour en assurer la rentrée, le meilleur est, sans contredit, celui qui frappe la marchandise imposée au lieu et au moment de sa fabrication ; il n'en peut dès lors échapper que fort peu au paiement de l'impôt et la surveillance n'a plus à s'exercer au dehors. C'est vers ce but que tendent toutes les législations en matière d'impôts indirects.

85. C'est un progrès que nos lois ont réalisé pour les bières, qui circulent librement, une fois sorties des brasseries, soit qu'elles aillent chez le consommateur, le débitant ou l'entrepositaire. C'est vers ce but que tend la loi nouvelle, qui inaugure en matière d'alcool un système de contrôle analogue à celui des brasseries.

Son application était de tous points impossible, en matière de vins, cidres poirés et fruits, à raison du nombre incalculable de récoltants et de lieux de production. Elle était encore assez difficile en matière d'alcools à moins de supprimer totalement la faculté naturelle pour les propriétaires récoltants de faire passer leurs produits par toutes les transformations qu'ils sont susceptibles d'éprouver.

86. La nouvelle loi s'est arrêtée à un système mixte qui a pour objectif de respecter ce droit naturel qui permet au producteur de consommer en franchise son produit transformé et en même temps de frapper aussi sûrement que possible tout l'alcool qui ne serait pas ainsi consommé et qui, par suite, se trouve forcément destiné à la vente et à la consommation par des tiers non producteurs, soit en nature, soit mélangé à des liquides différents.

De ce système sont sorties les restrictions et réglementations rigoureuses apportées à ce qu'on s'obstine à appeler improprement le privilège des bouilleurs de cru, et les formalités imposées à tous les producteurs d'alcool au moment même et sur le lieu de fabrication, ainsi que les pénalités très sévères contre les bouilleurs et les distillateurs qui voudront se soustraire aux prescriptions légales qui organisent le régime de la perception.

87. Les droits sur l'alcool ont été considérablement surélevés et portés de 156 fr. 25 à 220 fr. par hecto d'alcool pur, afin de compenser, dans les caisses du Trésor, l'énorme dégrèvement dont les vins ont été l'objet par la réduction à un simple droit de *circulation*, des droits variés qui le grevaient. C'est ce que l'on a caractérisé par ces mots : que la réforme doit se suffire à elle-même.

88. Le droit sur l'alcool est, comme le droit sur les vins, un véritable droit de circulation auquel, pour les besoins de la terminologie du service des contributions indirectes, on a donné le nom de droit de *consommation*, qui pourrait aussi bien qualifier le droit sur les vins. De telle sorte que le terme de *circulation* évoque aussitôt l'idée de la marchandise vin et le terme de *consommation* évoque l'idée de la marchandise spiritueux.

89. L'article 1er, § 5, de la loi du 29 décembre 1900, s'exprime ainsi : « Le droit de consommation sur les eaux-de-vie, esprits, liqueurs, fruits à l'eau-de-vie, absinthes et autres liquides alcooliques non dénommés, est fixé à deux cent vingt francs par hectolitre d'alcool pur, décimes compris. »

90. La perception de l'impôt a été réglementée en vue de garantir le paiement des taxes locales et de permettre une surveillance plus étroite sur la circulation des spiritueux et produits assimilés.

C'est ainsi que la formalité de l'acquit-à-caution, qui n'est qu'un titre de crédit devant accompagner inséparablement la marchandise, a été étendue à tous les transports à destination des consommateurs dans les villes d'une population agglomérée de 4.000 habitants et au-dessus et, en outre, à destination de ceux qui habitent des localités moins populeuses, mais en possession d'octrois et de taxes d'octroi avec une surveillance permanente et effective à l'entrée de nuit et de jour.

91. Dès lors, le congé ou titre de mouvement, constatant le paiement effectif du droit au moment de sa délivrance, ne peut plus être demandé et obtenu pour les spiritueux, vermouts, vins de liqueurs, à destination des simples consommateurs établis dans les localités sujettes aux droits d'entrée et ayant des taxes d'octroi sur les alcools, (article 3, § 1, loi de décembre 1900) ; l'acquit-à-caution est de rigueur.

92. Les droits garantis par cet acquit-à-caution sont exigibles, savoir :

1° Dans les localités ayant une population agglomérée de 4.000 habitants et au-dessus ou pourvues d'un octroi, au moment de l'introduction dans les bureaux d'entrée;

2° Partout ailleurs, pour les débitants, dans les quinze jours qui suivront les délais fixés sur le titre de mouvement pour le transfert du liquide.

Les débitants, dits débitants forains, qui vendront accidentellement des spiritueux les jours de foire ou de fête, devront, comme pour les vins, acquitter les droits immédiatement. (Même loi de décembre 1900, article 4.)

93. Les tolérances précédemment accordées pour la circulation des alcools logés en bouteilles revêtues de vignettes sont maintenues. (Circ. du 29 décembre 1900.)

C'est, en effet, par dérogation aux prescriptions de l'article 6 de la loi du 28 avril 1816, qui exige une déclaration préalable de l'expéditeur ou de l'acheteur et la détention, par le transporteur, d'un titre de mouvement, que la régie a créé, sous les numéros 171, 172 et 173, des vignettes timbrées qui sont vendues chez les débitants de tabac. L'apposition de ces vignettes équivaut à un bon de transport à la condition que le milieu de la bande recouvre le bouchon, que les deux extrémités s'appliquent de chaque côté le long du col de la bouteille et que l'adhérence soit complète, tant sur le bouchon que sur le verre de la bouteille. (Circ. du 11 août 1888.)

Les quantités ainsi tolérées sont fixées à 10 centilitres pour les alcools, mais sous la réserve que la quantité totale transportée à l'adresse du même destinataire ne dépasse pas un litre pour les vins de liqueur (vermout, madère, etc.), ainsi que pour l'alcool pur. Ces petites quantités sont également exemptes des droits locaux d'entrée ou d'octroi. (Même circulaire.)

Observons que ces petites quantités ne doivent pas être à destination des débitants, qui ne sauraient être autorisés à alimenter leur débit par des introductions de spiritueux sans expédition. (Circ., 29 octobre 1896.)

Nous avons vu que la tolérance est de 3 litres pour les vins transportés sans titre de mouvement.

94. L'article 1er de la loi du 24 juin 1824 édicte que les droits sur les eaux-de-vie et les esprits en cercles et en bouteilles (l. du 19 juillet 1880) seront perçus en raison de l'alcool pur contenu dans ces liquides, conformément à la table annexée à ladite loi et d'après laquelle le volume des spiritueux doit être déterminé à la température de 15 degrés centigrades (circ. du 6 décembre 1898). La table dont s'agit contient la conversion des degrés Cartier, alors en usage, en degrés centésimaux ; elle est sans portée depuis la loi du 7 juillet 1881.

L'emploi de l'alcoolomètre de Gay-Lussac, vérifié, est seul autorisé pour la constatation du degré des alcools et eaux-de-vie. Tout patenté faisant le commerce des alcools en gros et demi-gros est tenu d'avoir un alcoolomètre de Gay-Lussac et un thermomètre vérifiés. (Loi du 7 juillet 1881 et décret du 27 décembre 1884)

95. La détermination de la quantité d'alcool pur imposable est faite, qu'il s'agisse de liquides alcooliques en cercles ou en bouteilles, en centilitres, aussi bien lors des prises en charge que lors des enlèvements, des recensements et, en général, dans toutes les opérations auxquelles se livrent les agents de la régie. (Circ. du 1er sept. 1885.)

96. L'alcool se présente rarement dans la circulation et les usages ordinaires sous la forme d'alcool à 100 degrés, chimiquement pur. Il est tantôt à l'état de trois-six variant de 86 à 96 degrés ou d'eau-de-vie variant entre 48 et 55 degrés, ou de liqueurs sirupeuses, ou de fruits à l'eau-de-vie. La loi fiscale a prévu tous les cas.

Tous les liquides alcooliques tels que liqueurs, fruits à l'eau-de-vie, eaux-de-vie en bouteilles, absinthes, bitters, etc., sont imposés, comme les eaux-de-vie et esprits en cercles, proportionnellement à leur richesse alcoolique (art. 1er, loi du 26 mars 1872) et soumis au même droit de consommation.

97. Certains vins qui ne présentent pas le caractère de spiritueux sont exclus du régime des vins et soumis au régime des alcools. De ce nombre, font partie les vins de raisins secs dont la fabrication, la circulation et la vente sont soumises aux droits et régime de l'alcool pour leur richesse alcoolique totale acquise ou en puissance. (Art. 1er, loi du 6 avril 1897.)

Les vins artificiels, c'est-à-dire tous ceux qui ne sont pas le produit exclusif de la fermentation des raisins frais, tombent sous le régime de l'alcool (même loi). Ainsi, tous les liquides alcooliques provenant de la fermentation des raisins secs avec des figues, caroubes, dattes, orges, glucoses, mélasses et autres matières saccharifères ou similaires, sont assimilés à l'alcool pour le régime et les droits qui leur sont appliqués (Loi du 26 juillet 1890, art. 9). Il en est de même des essences alcooliques des fruits. (Circ. du 16 février 1885.)

98. Les vins naturels présentant une force alcoolique supérieure à 15° sont passibles du double droit de consommation et d'octroi ou d'entrée pour la quantité d'alcool comprise entre 15 et 21 degrés.

Les vins présentant une force alcoolique supérieure à 21 degrés sont imposés comme alcool pur. (Loi du 1er sept. 1871, art. 3.)

99. *Vermouts et vins de liqueur ou d'imitation.* — Néanmoins, la loi du 13 avril 1898 a excepté de ce régime les vermouts et vins de liqueur ou d'imitation et les a soumis à un régime spécial, qui est le suivant :

1° Les vermouts sont imposés pour leur force alcoolique totale avec un minimum de perception de 16 degrés ;

2° Les vins de liqueur ou d'imitation et les apéritifs à base de vins de liqueur ou d'imitation sont imposés pour leur force alcoolique totale avec un minimum de perception de 15 degrés.

Les uns et les autres subissent les *demi-droits* de consommation d'entrée et d'octroi jusqu'à 15 degrés et les *droits pleins* au-dessus de 15 degrés. (Art. 21 de la loi du 13 avril 1898.)

Ces vins nécessitent une addition d'alcool qui, s'il payait les droits à l'enlèvement, se trouverait grevé deux fois ; pour parer à ce double emploi, il est indiqué, dans la loi précitée, qu'il sera donné décharge — dans les conditions déterminées par la régie — de l'alcool employé à la fabrication de ces vins, au moment de l'effusion, les frais de surveillance devant être remboursés par les préparateurs de ces vins à raison du nombre et de la durée des vacations des agents affectés au contrôle des opérations et de leur traitement.

Les contestations qui pourront s'élever sur la nature de ces vins sont déférées aux commissaires experts institués par l'article 19 de la loi du 27 juillet 1892 et par la loi du 7 mai 1881.

Chacune des parties est représentée devant le comité d'expertise par un expert choisi sur une liste établie par les Ministres du commerce et des finances. S'il s'agit d'une simple divergence d'appréciation, des échantillons sont prélevés contradictoirement et, avant de procéder à l'expertise légale, on peut se borner à consulter le laboratoire central. (Circ. du 2 février 1899.)

100. Les vins mutés, en dehors des cas ci-dessus, sont assujettis aux droits de l'alcool pour la quantité totale d'alcool qu'ils renferment.

A l'importation, ils sont assujettis aux droits de douane sur l'alcool, à moins qu'ils ne soient introduits en vue de la fabrication des vermouts et vins de liqueur, cas auquel la douane et la régie les soumettent au régime de ces vins. Les acquits-à-caution qui les accompagnent garantissent, en cas de non décharge, le double droit de consommation sur la totalité de l'alcool y renfermé. (Circ. du 31 août 1898.)

101. Par dérogation aux règles qui précèdent, comme nous l'avons vu en traitant du régime des vins, deux exceptions ont été faites :

1° En ce qui touche les vins doux naturels de 14 degrés minimum, acquis ou en puissance, ils sont maintenus au régime des vins, quoique additionnés d'alcool, pourvu que les *producteurs* ou récoltants fassent la demande de mutage, en justifiant de la nature du vin, et que l'alcool soit employé à ce mutage avant la fin de la fermentation et en présence du service, et moyennant le paiement du demi-droit de consommation sur l'alcool employé ;

2° En ce qui touche les vins complètement fermentés, présentant naturellement une force alcoolique supérieure à 15° sans dépasser 18°, expédiés directement par les récoltants, marqués au départ, ils sont aussi maintenus au régime des vins (loi du 2 août 1872, art. 3) et passibles du droit de consommation sur l'alcool à partir de 15°.

102. Les vernis, eaux de senteur ou de toilette, éthers, chloroformes et toutes autres préparations à base d'alcool sont assujettis aux formalités de circulation.(Loi du 28 février 1872, art. 4 ;

Quant aux alcools dénaturés, ils feront l'objet d'une étude spéciale ci-dessous.

103. Les alcools altérés, mélangés dans de fortes proportions avec des vins avariés, sont considérés comme alcools altérés, passibles des droits comme eaux-de-vie ou esprits. (Loi de 1816, art. 23, § 4.)

104. L'alcool éthylique est assimilé à l'alcool ordinaire, ainsi que les alcools méthyliques susceptibles d'être consommés comme boissons.

Tout mélange de l'alcool éthylique à l'alcool méthylique dans les boissons est interdit. (Loi du 16 déc. 1897, art. 5.)

105. La loi nouvelle n'a pas établi de rayon de franchise pour les alcools qu'un propriétaire récoltant est autorisé à consommer en franchise, à raison de 20 litres d'alcool pur par producteur et par an, qu'il soit bouilleur de cru ou bouilleur de profession.

L'article 3 de la loi de 1900 l'exclut en exigeant la formalité de l'acquit-à-caution pour *tous* les transports à destination des villes où il existe des taxes d'octroi sur l'alcool ou d'une population supérieure à 4.000 habitants. Les lois antérieures et notamment l'article 15 de la loi du 25 janvier 1841, 11 de la loi du 4 août 1844 et 20 du décret du 17 mars 1852 ne l'ont établi que pour les vins, cidres et poirés, limitativement.

En conséquence, le bouilleur de cru ou récoltant qui fait transporter le produit de sa distillation dans une cave séparée de la brûlerie est soumis à l'exercice comme un marchand en gros ou un distillateur de profession (Cass., 5 juillet 1877.), à moins qu'il n'acquitte les droits de consommation en se faisant délivrer un congé.

106. Les préparations pharmaceutiques dans la composition desquelles entre l'alcool sont affranchies dans les mêmes conditions que nous avons déjà indiquées pour les vins médicamenteux, à la condition que la substance médecinale employée ait dépouillé l'alcool de ses propriétés essentielles et distinctives et ne permette pas de les utiliser comme boisson, mais uniquement comme remède ; ce qui exclut les nombreux apéritifs au quinquina servis dans les cafés; la teinture d'écorce d'oranges amères, dont l'emploi n'est pas restreint à la préparation de remèdes, mais qui sert encore à la préparation du curaçao, du bitter, du picon, etc., etc ; elle ne peut être considérée en elle-même, en dehors des manipulations qu'elle subit dans les laboratoires de pharmacie, comme un produit médicamenteux.

107. En dehors et en sus du droit de consommation, l'alcool est grevé d'un droit d'entrée, dans les populations agglomérées, qui a été déterminé par loi du 26 mars 1872, art. 5, de la manière suivante :

	4.000 âmes à 6.000 . . .	6 fr.
	6.000 — à 10.000 . . .	9
Dans les communes	10.000 — à 15.000 . . .	12
ayant une population	15.000 — à 20.000 . . .	15
agglomérée de	20.000 — à 30.000 . . .	18
	30.000 — à 50.000 . . .	21
	50.000 — et au-dessus .	24

Le droit de remplacement est aboli jusqu'à ce qu'il ait
été réglementé à nouveau, les dispositions de l'article 6 de
la loi du 26 mars 1872 n'étant pas en harmonie avec les
nouvelles charges sur l'alcool.

108. Les acquits-à-caution, dont le prix est fixé à 0,50
centimes, y compris le timbre, ne sont délivrés que sur
une déclaration contenant les énonciations que nous avons
relevées ci-dessus à propos des vins ; il en est de même des
congés.

Les noms des destinataires peuvent être laissés en blanc
et n'être déclarés qu'aux lieux d'arrivée, à la condition d'y
faire compléter la déclaration avant le déchargement.

Les acquits-à-caution, en matière de spiritueux, doivent
mentionner les substances avec lesquelles ces derniers ont
été fabriqués (l. du 2 août 1872), être délivrés sur papier blanc
pour les alcools de vins, sur papier rouge pour les alcools
d'industrie, et sur papier bleu pour les mélanges (même loi).

Ils doivent porter la contenance de chaque fût avec un
numéro correspondant à celui placé sur le fût (loi du
21 juin 1873, art. 6) ; mentionner le degré alcoolique des
liqueurs, fruits à l'eau-de-vie et eaux-de-vie, alors même
que les boissons sont en bouteilles.

Pour les chargements supérieurs à un hectolitre d'alcool,
en volume, l'acquit-à-caution doit indiquer la tare, et le
poids brut de chaque fût en regard, ainsi que la température à laquelle le degré alcoolique a été pris. (Loi du
16 décembre 1897, art. 7, décret du 29 novembre 1898,
art. 1er.)

Pour les réservoirs d'une capacité supérieure à 10 hectos,
destinés au transport des alcools par voie ferrée ou par
bateaux, la contenance est déterminée tranche par tranche
et gravée ou peinte sur les réservoirs. (Même loi, art. 9,
même décret, art. 4.)

109. Tout transport de spiritueux sans expédition ou
avec une expédition inapplicable ou inexacte donne lieu

aux pénalités édictées par l'article 1er de la loi du 28 février 1872. (Loi du 21 juin 1873, art. 6.)

L'expédition est inapplicable dès l'instant que les qualités énoncées, les quantités, le nom de l'expéditeur ne sont pas conformes à la réalité ou qu'il y a défaut d'identité, soit à raison d'une différence dans le nombre des pièces ou dans les quantités renfermées dans chacune d'elles. (Cass., 14 février 1840.)

Dans tous ces cas, les Tribunaux doivent prononcer la confiscation de la totalité du chargement (même arrêt), sans pouvoir invoquer l'excuse tirée d'une différence insignifiante. (Cass. 5 mai 1876.)

Observons, toutefois, que l'administration admet une tolérance en plus ou en moins de 1 °/₀ sur les déclarations d'expéditions (circ. du 11 août 1882), soit sur la contenance, soit sur le degré.

110. L'acquit-à-caution doit être déchargé à l'arrivée des boissons à destination, afin que la régie puisse les mettre à la charge du destinataire, ou lui faire payer les droits, s'il est simple consommateur (loi du 28 avril 1816, art. 2; loi du 28 février 1872 ; art. 3), et à cet effet, le destinataire doit obtenir un certificat de décharge constatant la vérification et l'arrivée du chargement intact et identiquement représenté (Cass. 9 mars 1877, Montpellier, 27 avril 1874). Ce certificat de décharge doit être rapporté, savoir :

1° Si la destination est à l'intérieur du département, dans les deux mois qui suivent l'expiration du délai fixé par l'expéditeur, augmenté de tout le temps pendant lequel le transport a été interrompu ;

2° De trois mois, si le lieu de destination excède les limites du département (circ. du 30 janvier 1834).

Si la décharge n'est pas opérée régulièrement, le soumissionnaire reste responsable de l'expédition vis-à-vis de la régie, quand même les employés l'auraient prise en charge au compte du destinataire. — La représentation du certificat de décharge est de rigueur.

Les doubles droits sont encourus et deviennent exigibles. (Loi du 28 février 1972 ; art 2.)

111. Beaucoup d'expéditeurs de boissons ne tiennent pas à vivre si longtemps dans l'insécurité, exposés à se voir réclamer les doubles droits et à être poursuivis à propos d'expéditions dont ils ont perdu le souvenir. Pour abréger les délais, ils peuvent prendre des acquits-à-caution recommandés.

La loi du 29 décembre 1900 a réglementé ce que l'on appelle le régime de la recommandation en matière d'acquits-à-caution. C'est la partie la mieux traitée dans la circulaire assez confuse de la régie du 29 décembre 1900 :

« Comme corollaire de l'élévation du droit sur les spiritueux et de l'obligation de les faire accompagner d'acquits-à-caution dans la plupart des cas, la loi renferme une disposition ayant pour but de permettre au soumissionnaire de ces titres de mouvement, ainsi qu'aux cautions, d'abréger la durée de leur responsabilité.

» Aux termes du deuxième paragraphe de l'article 3, les acquits-à-caution accompagnant des spiritueux pourront être recommandés moyennant le payement d'un droit supplémentaire de 50 centimes par expédition.

Dans ce cas, la responsabilité du soumissionnaire ne demeurera engagée que pendant un délai de quarante jours après l'expiration du délai fixé pour le transport.

» *Demandes d'acquits recommandés.* — Chaque demande d'acquit recommandé devra faire l'objet d'une soumission spéciale portant réquisition d'avoir à recommander le titre de mouvement. Cette réquisition pourra être ainsi conçue : « Le soussigné requiert la recommandation de l'acquit-à-caution demandé par la présente ». Si la réquisition fait corps avec la soumission, une seule signature suffira ; dans le cas contraire, c'est-à-dire, par exemple, si la réquisition est transcrite sur la marge de la soumission, le déclarant devra apposer au-dessous une deuxième signature.

» *Délivrance des acquits recommandés.* — Jusqu'à ce qu'il ait été créé de nouveaux modèles pour les acquits recommandés, on affectera à leur délivrance des regis-tres 2 B, 2 C et 2 D spéciaux. Il sera formé un registre de chacun de ses modèles avec une série de numéros particulière suivant l'espèce de spiritueux (alcool de vin, alcools d'industrie, alcools de mélanges). Au début, ces registres ne devront comprendre qu'un très petit nombre de feuilles (de une à dix, d'après l'importance présumée des demandes)

» Sur le vu de la soumission spéciale établie comme il est dit ci dessus, le buraliste délivrera l'acquit à caution moyennant le payement d'une somme supplémentaire de 50 centimes. Cette taxe sera perçue dans les mêmes con-ditions que le droit de 40 centimes.

» Les acquits recommandés ne devront porter aucune marque particulière les distinguant des autres acquits non recommandés,

» Le bulletin remis au soumissionnaire devra toutefois faire mention du payement de la somme supplémentaire de 50 centimes.

» En ce qui concerne l'échange des acquits recomman-dés, il va de soi que le ou les nouveaux titres de moûve-ment ne seraient recommandés qu'autant qu'il serait pro-duit pour chaque nouvel acquit une soumission, dûment visée par le chef de service, requérant la recommandation entraînant à nouveau le paiement de la taxe supplémen-taire des centimes.

» D'une manière générale, ces échanges devront être pré-cédés des vérifications prescrites par les paragraphes 13 et 30 de l'instruction du 15 février 1827 sur le service des acquits-à-caution, et le titre de mouvement primitif, immé-diatement déchargé, sera transmis au directeur ou au sous-directeur.

» Lorsque le service du lieu de destination fera connaître que l'acquit a été déchargé à la suite du paiement des droits, d'une prise en charge ou d'un échange, le regis-

tre 166 spécial sera annoté en conséquence ; dans le cas
contraire, c'est-à-dire si l'on ne trouve aucune trace des spiritueux, ou si le destinataire refuse, pour une cause quelconque, d'acquitter les droits, le soumissionnaire de
l'acquit en sera avisé immédiatement par l'intermédiaire
du chef local.

» Cinq jours au plus tard avant l'expiration du délai de
péremption, les mesures nécessaires seront prises pour interrompre la prescription. .

» Si le destinataire jouit du crédit du droit, les boissons
seront prises en charge à son compte après vérification ;
s'il est débitant, les droits exigibles seront, suivant le cas,
acquittés au moment de l'introduction dans les villes, ou
dans les quinze jours qui suivront l'expiration du délai
fixé pour le transport dans les campagnes.

» *Transits.* — Il y a lieu de prévoir le cas où des spiritueux accompagnés d'acquits-à-caution recommandés
seraient mis en transit ; comme rien ne distinguera les
titres recommandés des acquits ordinaires, les employés
en donneront avis, et lorsque ces avis concerneront des
acquits recommandés, les soumissionnaires devront être
avisés de l'interruption du transport par l'intermédiaire
du chef local.

» Il est bien entendu que la recommandation des acquits-
à-caution de spiritueux est purement facultative. Les expéditeurs qui n'en réclameront pas le bénéfice resteront
autorisés à demander, pour les envois d'une certaine
importance, que le buraliste adresse, sans frais, par la
voie hiérarchique, ou moyennant le simple remboursement des frais de poste, s'il s'agit d'une transmission
directe, un bulletin 6 E ordinaire au service du lieu de
destination qui, ainsi prévenu, continuera de prendre
aussitôt les mesures nécessaires ».

CHAPITRE II

PRODUCTION DE L'ALCOOL

§ 1ᵉʳ. — LES BOUILLEURS DE CRU

112. On désigne sous le nom de « bouilleurs de cru » les mêmes personnes que nous avons indiquées sous la dénomination de propriétaires récoltants au titre des vins. Le bouilleur de cru est défini par l'article premier de la loi du 14 décembre 1875.

Une des modifications les plus importantes au régime antérieur, après le dégrèvement des vins et l'augmentation des licences et du droit de consommation sur l'alcool, est, à n'en pas douter, la règlementation des bouilleurs de cru inaugurée par la nouvelle loi.

Plusieurs systèmes se trouvaient en présence :

1° La liberté complète laissée à ces derniers, affranchis de toute déclaration de détention d'appareils à distiller (Loi du 14 déc. 1875);

2° La suppression des bouilleurs de cru comme l'avait inaugurée la loi du 2 août 1872, en soumettant tout détenteur d'appareils propres à la distillation à une déclaration à faire à la régie, déclaration énonçant le nombre et la capacité de ses appareils.

Dans le premier cas, toute liberté était laissée au récoltant pour la transformation de ses produits en alcool, sauf à l'administration à en surveiller l'enlèvement; dans le second cas, les bouilleurs de cru étaient assimilés aux distillateurs de profession, à l'exception du paiement de la licence et de l'assujettissement aux visites et vérifications des employés. Une tolérance de consommation en franchise était accordée aux bouilleurs de cru à concurrence de 20 litres d'alcool pur par année. (Loi du 21 mars 1874, art. 2.)

113. La nouvelle loi, dont la tendance vise à surveiller l'alcool, comme la bière, aux lieux et au moment de la fabrication, a adopté un système mixte dont la portée tend à restreindre la production des bouilleurs de cru, non surveillés, dans la limite aussi approximative que possible, de la consommation familiale fixée à 20 litres d'alcool pur par année.

114. A cet effet, elle assujettit le récoltant ou bouilleur de cru à une déclaration préalable des appareils à distiller qu'il possède, et ce, dans le mois de la promulgation de la loi, c'est-à-dire pendant le mois de janvier 1901.

Pour l'avenir, la déclaration est assurée :

1° Par la tenue, obligatoire pour tout fabricant ou marchand d'appareils propres à la distillation, d'un registre spécial sur lequel ils seront tenus d'inscrire les noms et demeures des personnes auxquelles ils auront livré, à quelque titre que ce soit, des appareils ou portions d'appareils propres à la distillation.— La représentation de ce registre pourra être exigée par le service des contributions indirectes;

2° Par l'obligation, par les mêmes personnes, de faire une déclaration au bureau de la régie de leur résidence, dans les *quinze jours* de vente, du nom et du domicile des personnes à qui les livraisons ont été faites;

3° Par l'obligation imposée aux particuliers de déclarer, au bureau de la régie de leur résidence, le nom et la demeure des personnes non commerçantes en liquides auxquelles ils auraient cédé accidentellement leurs appareils. (Art. 12, loi de déc. 1900.)

8

Enfin, la loi impose le poinçonnage de tous les appareils déclarés, moyennant le droit de 1 franc, immédiatement exigible au moment de l'opération.

115. Ces formalités remplies, les bouilleurs de cru qui distillent exclusivement les eaux-de-vie désignées par la loi du 14 décembre 1875 continuent à être affranchis de la déclaration de leur fabrication. (Loi de décembre 1900, art. 9, § 4.)

La loi visée de 1875, dans son article unique, s'exprime ainsi : « Les propriétaires qui distillent les vins, marcs, ci- » dres, prunes et cerises provenant exclusivement de leurs » récoltes » sont affranchis de l'exercice et dispensés de toute déclaration préalable à la distillation.

Les poirés ont été omis dans l'énumération des produits récoltés à distiller, mais la régie a reconnu (circul. du 24 août 1878) qu'ils devaient être compris dans l'énumération. Les lies peuvent aussi être distillées avant siccité, elles sont considérées comme vin.

Les piquettes ou lavages de marcs ne sont pas non plus nommés, mais leur préparation en vue de la distillation par le récoltant n'a jamais été prohibée — il n'y a de prohibé que la fabrication en vue de la vente au commerçant de boissons.

Aucune prohibition ne se dégage, en ce qui les concerne, des dispositions législatives nouvelles et jamais la régie n'a émis la prétention, jusqu'ici, de priver le récoltant de la faculté d'extraire l'alcool renfermé dans les piquettes dont la distillation est autorisée, soit qu'on les considère comme vin dilué ou comme marc transformé en vue de la distillation.

Les prunelles sont exclues ainsi que les mûres et autres fruits que l'on peut cultiver, mais qui se trouvent généralement à l'état sauvage ; la précision ayant été faite, en ce qui les concerne, au cours de la discussion de la loi, il fut reconnu qu'elles étaient intentionnellement exclues. La loi de 1875 ne les mentionne d'ailleurs pas.

116. La qualité de bouilleur de cru est affectée non au domaine de récolte, mais à la récolte elle-même et la loi n'a pas fixé le lieu où la distillation doit être opérée. Le bouilleur n'est tenu qu'à l'obligation de restreindre sa distillation au produit exclusif de sa récolte (Jugement. Béziers, 19 mars 1897). Il pourra faire transporter ses récoltes d'une cave à une autre, dans le rayon de franchise, pour les besoins de sa distillation ; en dehors du rayon, il devra payer les droits de circulation sur les vins qu'il veut distiller Il ne pourrait les introduire dans sa distillerie sous acquit-à-caution, sans prendre position de distillateur de profession. (Art. 9, loi de 1900.)

La définition même du bouilleur de cru exclut toute distillation par lui de miels, de marcs additionnés de sucre (Paris, 14 mai 1887), de fruits ou marcs d'achat (Lyon, 19 mars 1890 ; Cass., 13 décembre 1895), même mélangés à ceux de sa récolte (Caen, 20 juin 1894), de vins de raisins secs, de matières végétales fermentées propres à produire de l'alcool. (Montpellier, 8 février 1897.)

117. Les prescriptions de la nouvelle loi, ainsi que nous l'avons indiqué ci-dessus, n° 113, ont pour but évident, et avoué par les auteurs du projet, de restreindre autant que possible, dans la limite de la tolérance légale de 20 litres d'alcool pur par année pour consommation familiale du récoltant, la production, par ce dernier, des alcools extraits de ses vins, cidres, poirés et fruits.

Elles tendent aussi à établir et à signaler à la vigilance de la régie la détention de quantités supérieures à cette consommation familiale de façon à garantir le paiement des droits sur les quantités excédentes dont l'emploi ou la disparition en franchise ne sauraient être légitimes.

118. En effet, le vinage étant formellement interdit, — sauf pour l'exportation, où il est entouré de formalités rigoureuses, — il importait au législateur d'assurer la rentrée de l'impôt sur les spiritueux à raison des quantités non affranchies. Il ne saurait être douteux que le récoltant ne possède pas des alcools pour le plaisir de les collectionner, et qu'il n'a qu'un désir, celui de faire argent de ce produit de sa récolte, comme des autres produits. Dès lors, il importait de mettre un terme aux circulations frauduleuses qui alimentaient souvent les débits et les consommateurs non récoltants, au plus grand préjudice du fisc.

119. De cette préoccupation, sont sorties les mesures et prescriptions suivantes :

1° Restrictions apportées dans le choix et l'usage des appareils possédés par les bouilleurs de cru ;

2° Obligations imposées aux distillateurs ambulants de signaler, sur un cahier-journal, spécialement mis à leur disposition par la régie, le résultat de leurs opérations ;

3° Obligation pour le bouilleur de cru de déclarer et de faire poinçonner les appareils ou portions d'appareils qu'il possède et de ne les prêter ou céder qu'après une nouvelle déclaration ;

4° Interdiction de distiller ou faire distiller dans l'étendue du canton et des communes limitrophes où le récoltant exercerait par lui-même ou par l'intermédiaire d'associés la profession de débitant ou de marchand en gros des boissons ;

5° Prohibition pour les bouilleurs de cru d'enlever ou même de laisser enlever de chez eux des spiritueux sans expédition régulière ;

6° Déchéance du privilège de bouilleur encourue comme sanction de ces obligations.

Examinons en détail ces cinq ordres d'idées.

1° *Restriction dans le choix et l'usage des appareils.*

120. *a)* Le bouilleur de cru ou récoltant ne peut *faire usage* d'appareils à marche continue pouvant distiller par 24 heures plus de 200 litres de liquide fermenté.

Cette désignation réduit le récoltant à l'usage de petits appareils d'amusement ou de laboratoire répandus dans le commerce et correspondant aux appareils que désignait le projet de loi de 1896, en déclarant que la chaudière ne pourrait avoir une capacité de plus de cinq litres.

Il reste interdit au bouilleur de cru de faire usage d'un appareil continu plus important, appartenant à un distillateur ambulant (art. 10, § 2, *eod.*).

121. *b)* Le bouilleur de cru peut être détenteur d'un alambic ordinaire, c'est à-dire à chargement non continu, dont la contenance totale ne dépasse pas 500 litres. — Cette contenance s'entend de la chaudière ou cucurbite, le chapiteau ne devant pas entrer en ligne de compte, à moins qu'on ne lui ait donné des dimensions exagérées, dans le but d'accroître la capacité utilisable de l'appareil (discours du ministre au Sénat, séance du 26 décembre 1900).

L'usage d'un alambic ordinaire appartenant à un distillateur ambulant qui vient distiller chez le récoltant, est autorisé, pour ce dernier, quand même la capacité dépasserait cinq hectolitres (art. 10, § 3, *eod*).

Il est facile de remarquer une grande disproportion dans la tolérance respective de ces deux genres d'appareils, dont le premier limite la distillation à 200 litres de vin par jour tandis que le second permettra, s'il est effectué cinq chauffes quotidiennes, une distillation de 5.000 litres. C'est une incohérence de la loi qu'il est difficile d'expliquer.

Le législateur a été bien rigoureux en limitant à 200 litres l'usage de l'appareil continu pour le bouilleur de cru. On comprendrait l'autorisation donnée à tout particulier, même non récoltant, de faire usage d'un appareil de ce genre, comme cela se pratique dans beaucoup de grandes villes, pour distiller ses fonds de bouteilles, mais on aurait dû autoriser le récoltant à posséder des alambics continus pouvant distiller de 1,000 à 2.000 litres par 24 heures, pour que le fabricant d'appareils, d'une part, et le détenteur d'autre part, soient placés sur un pied d'égalité avec les fabricants et les détenteurs d'alambics ordinaires d'une capacité de 500 litres pouvant être rechargés de 4 à 6 fois par jour.

L'observation en a été faite, mais en vain, au cours de la discussion.

122. c) Le bouilleur de cru poura faire usage d'appareils chauffés à la vapeur et en posséder dans les mêmes limimites de capacité que pour les alambcis ordinaires.

Il peut utiliser l'alambic chauffé à la vapeur ou l'alambic ordinaire d'un distillateur ambulant d'une capacité qui n'est pas limitée (art. 10 § 3).

123. Aucune difficulté ne saurait s'élever pour les alambics ordinaires qui exigent un déchargement de la cucurbite après épuisement des vapeurs alcooliques des 500 litres de liquide fermenté qu'elle contient, opération qui nécessite un arrêt de distillation et une intermittence obligée dans la production de l'alcool pendant le temps employé au rechargement de l'appareil.

Quant aux appareils chauffés à la vapeur, la difficulté n'existe pas — ils comprennent les appareils dont la cucurbite ou le récipient renferment les liquides, marcs, lies et fruits à distiller, ne sont pas chauffés à feu nu.

124. Dans la récente circulaire de la Régie du 29 décembre 1900, il s'est glissé une erreur grossière en ce qui touche les appareils chauffés à la vapeur, que l'administration déclare avoir été totalement prohibée aux mains des récoltants. La loi ne le dit pas et la construction grammaticale de la phrase indique bien que ces mots : « d'une contenance totale supérieure à cinq hectolitres » sont le complément des deux membres de phrase précédents, associés et réunis par la conjonctive alternative *ou* qui, d'après les dictionnaires, ne peut lier que les termes d'une proposition affirmative, et englobés entre la virgule qui précède les appareils chauffés à la vapeur, et le point qui termine la phrase.

On ne voit pas, d'ailleurs, quel intérêt aurait poussé le législateur à faire une distinction entre les modes de chauffage des appareils — à moins qu'il n'eût voulu proscrire la distillation des marcs qu'il venait d'autoriser dans le § 4 de l'article 9. La considération qui l'a surtout guidé, c'est celle tirée de la capacité de l'alambic qui se détermine de la même manière dans les deux genres d'appareils, qu'ils soient chauffés à la vapeur ou à feu nu, tandis qu'il a été obligé de se rattacher à une détermination différente pour les appareils continus dont la capacité est indépendante du débit alcoolique.(Conf.art., 15 § 1, du décret du 15 avril 1881 ci-dessous n° 148 et art. 2 du décret du 10 août 1899, n° 149).

125. A quel caractère pourra-t-on reconnaître les appareils de distillation dits continus? Sur ce point encore, absence complète de détermination légale. La loi de 1900 n'ayant pas réservé ni prévu un règlement d'administration publique pour en déterminer la portée d'application, l'incertitude subsistera comme elle régnait antérieurement à cette loi, jusqu'à ce qu'il intervienne une solution législative.

L'article 19 du décret du 15 avril 1881 *(voir ce décret ci-dessous aux distilleries ordinaires)*a, pour la première fois, prononcé le nom d'« appareils continus» quand il a imposé une seule déclaration et inscription de fabrication à la fin de la journée au distillateur possesseur d'appareils continus ; il a désigné ces appareils en ces termes : « *Dans les usines où* » *le chargement des alambics est continu.* »

126. Depuis, des contestations ont surgi entre le service de la régie et les distillateurs, contestations relatives au caractère même de continuité ou d'intermittence des appareils, et deux arrêts de la Cour de Montpellier ont été rendus sur la question. L'un est à la date du 17 février 1893 l'autre du 25 février 1898.

Cette juridiction était saisie par voie d'appel de la connaissance de deux jugements du Tribunal correctionnel de Béziers devant lequel deux prévenus, distillateurs de profession, étaient poursuivis pour n'avoir pas fait, sur le registre prescrit par l'article 11 du décret du 15 avril 1881, l'inscription de l'heure à laquelle avait commencé chaque chargement d'alambic et d'avoir ainsi contrevenu aux règlements sur la matière. Les prévenus répondaient que, possesseurs d'alambics continus, ils n'avaient qu'à faire une déclaration et une inscription à la fin de la journée conformément à l'article 19 dudit décret, sans avoir à se conformer à l'article 18, qui prévoit des chargements et des déclarations successives, au cours de la même journée. Le procès-verbal mentionnait que les employés étant survenus ils n'avaient relevé aucune inscription sur le registre et ils avaient pourtant trouvé les employés de l'usine en train de vider un demi-muid dans la citerne renfermant le vin à distiller, ce qui, pour eux, constituait un chargement de l'alambic et nécessitait une inscription au registre de l'usine.

Avant de se prononcer et de solutionner le litige, le Tribunal de Béziers commit un ingénieur des arts et manufactures pour élucider la question. Ce dernier rapporta que, dans les appareils soumis à son examen, l'alimentation de *l'appareil distillatoire* se faisait d'une façon continue au moyen de citernes et de bacs reliés à l'appareil et dans lesquels le distillateur versait les liquides fermentés au moyen d'une pompe. Il ajoutait que la sortie de l'alcool fabriqué et l'évacuation des vinasses, résidus de fabrication, pouvait se régler à volonté sans suspendre la marche et le fonctionnement de l'appareil. Il disait en manière de conclusion : « L'appareil dont s'agit est un appareil à chargement continu et d'une façon plus générale, un appareil continu. » Le Tribunal de Béziers relaxa les prévenus.

127. La régie releva appel devant la Cour de Montpellier et soutint, dans son Mémoire, que le procès-verbal consta-

tait qu'au moment de l'arrivée des employés dans les usines ils avaient trouvé les ouvriers vidant un demi-muid de
550 litres de vin dans une citerne d'où une pompe le refou-
lait dans un bac qui alimentait l'alambic ; que ce dernier
étant relié au bac qui lui distribuait le liquide à distiller,
l'appareil ne pouvait être considéré comme un alambic
continu, son alimentation étant intermittente et nécessitant
l'intervention des ouvriers sous peine de voir s'arrêter l'opération de la distillation, faute d'aliments. Que le versement de 550 litres de vin dans la citerne de l'appareil à
distiller constituait nécessairement l'opération du chargement dudit appareil ou, tout au moins, le commencement
de cette opération puisque la citerne est reliée par une
pompe à un bac d'alimentation, en communication lui-
même avec l'alambic et que, par le fait de ce versement ou
tout au moins du refoulement, dans le bac, du liquide versé
dans la citerne, ce liquide était nécessairement introduit
dans l'alambic.

128. Tout cela nous paraît peu conforme au bon sens.

Si l'on s'engage dans cette voie, il faut déclarer qu'il
n'existe pas d'appareil continu par lui-même, que la continuité est le fait du distillateur et non de l'alambic et
dépend des dimensions qu'il plait à l'opérateur de donner
au vaisseau d'alimentation. Il faut pourtant convenir qu'un
appareil produisant l'alcool par lui-même et sans alimentation reste encore à trouver et que le décret du 15 avril
1881, en visant l'alambic continu, n'a pas voulu viser l'opérateur qui le fait fonctionner. Il tombe sous le sens qu'il
ne saurait dépendre de ce dernier de rendre un appareil
continu ou discontinu, à son gré, suivant qu'il le relierait à
un vaste récipient ou à un bac de petite contenance ; en un
mot, il n'y a pas de distillateur continu ou intermittent,
mais bien des appareils continus ou intermittents.

Quoi qu'il en soit, cette prétention de la régie eut un
plein succès et deux arrêts des 17 et 24 février 1898 de la
Cour de Montpellier lui donnèrent raison; il fut précisé, au

point de vue du distillateur de profession, qu'après chacun des versements des demi-muids en citerne, l'industriel pouvait connaître exactement les quantités de liquide qu'il livrait à la distillation, et devait en faire l'inscription sur le registre...

129. Les prévenus s'étant pourvus en cassation, deux arrêts de cette Cour intervinrent le 16 mars 1899 (*Monit. jud. du Midi*, année 1899, p. 121. — *Pand. fr. périodiques*, 1899-1-511) qui rejetèrent les pourvois en ces termes :

« Attendu que la contravention dépendait du point de » savoir si l'appareil dont le demandeur se servait pour dis- » tiller était ou non continu ;

« Attendu que la Cour de Montpellier a décidé, en fait, » après expertise, que le chargement de l'appareil n'était » pas continu ; qu'aucune loi n'ayant défini ce que l'on doit » entendre par appareil à chargement continu ou intermit- » tent, il appartient au juge du fait de décider souveraine- » ment quel était le mode réel de fonctionnement de l'ap- » pareil à distiller du prévenu, et qu'en condamnant Z., X., » pour n'avoir pas fait la déclaration au moment du char- » gement de son appareil constaté par procès-verbal régu- » lier dressé contre lui, l'arrêt n'a pu en rien violer les ar- » ticles invoqués par le pourvoi :

« Par ces motifs, rejette le pourvoi formé contre l'arrêt » de la Cour de Montpellier (Chambre correctionnelle, en » date du.... »

Comme on le voit, la Cour de cassation s'est retranchée derrière l'appréciation souveraine du juge du fait et, désormais, chaque appareil peut donner lieu à des appré- ciations divergentes, entre les détenteurs et les agents, sur la nature de continuité que ceux-ci voudront lui attribuer. Il appartiendra aux tribunaux de les trancher.

130. Cette question revit aujourd'hui avec une actualité des plus saisissantes devant la prohibition relative des appareils continus entre les mains des récoltants ou bouilleurs de cru.

Ces derniers peuvent-ils posséder des appareils d'une certaine puissance qui pourraient distiller bien plus de 200 litres de liquide fermenté et qui seraient continus s'ils étaient reliés à un vaisseau renfermant 500 hectos de vin, par exemple, tandis qu'ils les rendront discontinus en les reliant à un bac de 50 litres de capacité qui nécessitera le remplissage fréquent de ce bac ?

131. La solution qu'a fait triompher la régie devrait la lier et le ministère des finances avec elle. Il n'est pas douteux que si l'administration était dans le vrai en 1899, la vérité d'hier ne peut devenir, toutes choses semblables, l'erreur du lendemain ; l'incohérence et la contradiction sont les plus grandes humiliations de l'esprit humain : les contribuables ne les pardonnent pas.

Si l'administration affichait une prétention opposée et voulait établir, comme l'ingénieur-expert de Béziers, qu'il existe des appareils continus en soi et indépendamment de la manière dont on s'ingénie pour leur fournir une alimentation intermittente, il n'est pas douteux qu'un devoir s'imposerait au ministre des finances : celui de réparer l'iniquité accomplie par son administration en poursuivant la condamnation des prévenus de 1898.

2° *Comptabilité des brûleurs ambulants.*

132. Pour fournir à l'administration un état aussi exact que possible des existences d'alcol chez le producteur, la nouvelle loi impose au brûleur ambulant l'obligation de tenir une comptabilité, sur un cahier-journal, de toutes fabrications. Le brûleur doit consigner sur ce cahier, dont nous parlerons ci-dessous au titre des distillateurs ambulants, toutes les indications de fabrication se rapportant au nom du récoltant, à son domicile, aux quantités et qualités de spiritueux produits. Le non-accomplissement ou l'irrégularité de ces indications entraîne le retrait du carnet, que le loueur doit présenter à toute réquisition, et il ne pourra en obtenir un nouveau avant le délai de six mois ou un an, en cas de récidive. (Art. 11, loi de 1900.)

3. *Déclaration de détention d'appareils.*

133. L'article 12 de la loi nouvelle exige que toute personne qui n'a pas une licence de distillateur ou de bouilleur de profession, qui posséderait des appareils ou portions d'appareils propres à la distillation, en fasse la déclaration au bureau de la régie, dans le mois de la promulgation de la loi, énonçant le nombre, la nature (alambic ordinaire, — appareil à vapeur, — appareil continu), et la capacité, et les fasse poinçonner.

La loi a prévu que, pour échapper à la nécessité de la déclaration, quelques détenteurs répartiraient dans leurs diverses résidences, ou chez des amis, les portions détachées de leurs appareils à distiller; c'est pourquoi elle exige la déclaration, par quiconque, de toute portion d'appareils.

L'administration est, par suite, renseignée sur la nature et la capacité des appareils et peut se faire une idée approximative de la quantité probable de fabrication chez les récoltants, ainsi que de la force alcoolique des spiritueux obtenus.

4° *Rayon prohibé.*

134. Le débitant de boissons ou le marchand en gros qui est en même temps propriétaire récoltant pourrait avoir toutes facilités d'alimenter ses magasins pour couvrir les manquants de spiritueux, ou viner ses vins en fraude s'il possédait une distillerie affranchie de surveillance dans le voisinage, aussi pour éviter tout inconvénient de ce chef, la loi de 1900 établit un rayon prohibé, qui est le même que le rayon de franchise pour les vins. Le récoltant ne peut dans ce cas user de la faculté accordée aux bouilleurs de cru de distiller ses récoltes dans le même canton et les communes limitrophes du canton où il possède ses magasins, sans devenir bouilleur de profession.

Il est légalement exempt de la licence de distillateur, mais ne peut bénéficier d'aucune allocation de droits pour consommation familiale.

5° Prohibition d'enlever ou laisser enlever sans titre de mouvement régulier les spiritueux du bouilleur de crû.

135. Cette extension de la complicité, qui figure à l'article 10, § 4, de la nouvelle loi, est appliquée aussi aux vins, mais avec moins de rigueur, par l'article 14. § 4 Quand il s'agit des piritueux, le vendeur doit s'assurer que l'enlèvement est régulier, sinon il est puni comme co-auteur ou complice de la fraude; quand il s'agit de vins, la régie devra faire la preuve que le vendeur connaissait l'irrégularité de l'enlèvement. Il y a, dans les deux cas, une innovation à la jurisprudence antérieure et notamment à celle résultant d'un arrêt de cassation du 7 novembre 1895 (*M. J.* 1895, p. 337). Désormais, le bouilleur de cru doit s'assurer que l'acheteur de ses spiritueux s'est mis en règle avec la régie, sans quoi, en l'absence d'expédition régulière et applicable, il sera passible des peines encourues, comme s'il avait enlevé lui-même sans titre de mouvement ou avec un titre inapplicable, et, de plus, il encourra la déchéance dont nous allons parler. On a voulu tuer la contrebande que facilitaient les bouilleurs de cru.

Il est à craindre que tout contrebandier qui sera surpris transportant des alcools en fraude, et interrogé sur leur provenance, ne se hâte de décliner le nom d'un récoltant paisible qui ne lui aura rien livré — il ne signalera jamais ou presque jamais le nom de son véritable vendeur.

De là, de nombreuses tracasseries, qui motiveront de la part des agents la visite exceptionnelle de l'article 237 de la loi de 1816, pour soupçon de fraude. Cette visite fournira à l'administration le moyen de recenser les quantités existant chez le récoltant signalé, de bouleverser son caveau à provisions et ses celliers.

Il est vrai que la régie aura la charge de la preuve et qu'il appartiendra aux tribunaux de ne pas faire foi sur les déclarations d'un contrebandier suspect. Mais, pour l'avenir, le récoltant ainsi recensé devra, si le fait se renouvelle, représenter aux agents les quantités recensées précédemment, sous déduction de la consommation familiale et des expéditions régulières qui légitimeront des sorties ; tout manquant révélera des sorties frauduleuses.

6° *Déchéances.*

136. Comme corollaire de toutes ces prescriptions, la nouvelle loi aggrave les pénalités encourues pour infraction aux lois antérieures, en crée de nouvelles que nous examinerons plus loin, et, enfin, proclame la déchéance de la faculté de distiller librement et sans entraves ni visites, ni exercice, les boissons récoltées. Cette déchéance a pour effet de transformer les bouilleurs de cru en bouilleurs de profession et de soumettre le récoltant aux multiples obligations qui incombent à ces industriels vis-à-vis de la régie. (Voir ci-dessous, aux Distilleries.)

La déchéance est temporaire et, en thèse générale, elle cesse par la déclaration de cessation de la profession de bouilleur ou distillateur de profession, correspondant à une discontinuité absolue des opérations. Elle est suivie de la liquidation du compte des prises en charge des alcools existant en magasin, avec paiement immédiat des droits de consommation ; elle peut donc cesser à la volonté du récoltant transformé en distillateur. Mais, parfois, la durée de la déchéance est fixée par la loi, c'est le cas prévu par le paragraphe 4 de l'article 10, qui déclare soumis au régime des bouilleurs de profession le récoltant qui a enlevé ou laissé enlever des spiritueux de chez lui sans expédition ou avec des expéditions inapplicables, et cela pendant toute la durée de la campagne en cours et de la campagne suivante.

La campagne s'ouvre le 1ᵉʳ octobre de chaque année et prend fin le 30 septembre suivant (décret du 23 janvier 1901).

137. Les conséquences de la déchéance sont tellement considérables que l'administration semble reculer devant leur énormité. Dans sa circulaire du 29 décembre 1900, elle s'exprime ainsi :

« Peut-être l'expérience démontrera-t-elle l'utilité d'introduire dans la réglementation des dispositions particulières pour les bouilleurs de cru soumis au régime des bouilleurs de profession. Provisoirement donc, il pourra y avoir lieu d'user à leur égard de certaines tolérances dans l'application du règlement du 15 avril 1881, notamment en ce qui concerne les dispositions de l'article 4 (communications intérieures), de l'article 5 (dimensions des inscriptions à porter sur les vaisseaux), de l'article 8 (indicateurs à niveau), etc. »

138. Voici comment, d'après la même circulaire, il sera procédé avec les récoltants déchus et dégénérés en distillateurs de profession :

Lors de leur première déclaration, les bouilleurs de cru assimilés aux bouilleurs de profession devront faire connaître les quantités d'alcool existant chez eux et provenant de distillations faites sous l'ancien régime. Ces quantités seront prises en charge par acte motivé et cumulées, par la suite, avec celles fabriquées sous la nouvelle législation.

L'allocation en franchise de 20 litres d'alcool pur sera, lors du règlement de fin de campagne, décomptée suivant les exemples donnés ci-après :

1ᵉʳ EXEMPLE

	h. l.
Quantités reconnues lors de la mise en vigueur de la nouvelle loi	7 50
Quantités fabriquées pendant la campagne 1900-1901	31 00
Total des charges	38 50
Report des décharges ou sorties	25 00
Doit rester à la fin de la campagne 1900-1901 . .	13 50
Restes effectifs	10 40
Manquant brut	3 10

A déduire :

Déductions ordinaires . . . . . . 2 h. 40 l.	⎫	
Allocation pour consommation de famille . . . . 0 h. 20 l.	⎬	2 60
Manquant imposable		0 50

2ᵉ EXEMPLE

Reprise à la fin de la campagne 1901-1902 . . .	10 40
Quantités fabriquées pendant la campagne 1902-1903	13 00
Total des charges	23 40
Report des décharges ou sorties	15 00
Doit rester à la fin de la campagne 1902-1903 . .	8 40
Restes effectifs	7 00
Manquant brut	1 40

A déduire :

Déductions ordinaires . . . . . . 1 h. 40 l.	⎫	
Allocation pour consommation de famille . . . . 0 h. 20 l.	⎬	1 60
Manquant imposable		0 00

3° EXEMPLE

	h.	l.
Reprise de la campagne précédente	7	00
Fabrication en 1903-1904	0	00
Total des charges	7	00
Report des décharges	4	00
Doit rester.	3	00
Restes effectifs	2	30
Manquant brut . . . . :	0	70

A déduire :

Déduction ordinaire . . . . 0 41 l. ⎫	
Allocation pour consommation de fa- ⎬ 0 61	
mille . . . . 0 20 l. ⎭	
Manquant imposable	0 09

Comme on le voit par ce troisième exemple, l'immunité de l'impôt s'appliquera, le cas échéant, à des quantités reportées d'une campagne à l'autre.

139. Les récoltants qui, pour une cause quelconque, cesseront d'être soumis au régime des bouilleurs de profession, devront acquitter immédiatement l'impôt sur la quantité de spiritueux en leur possession excédant celle qui leur revient à titre de consommation de famille pour la campagne en cours. Advenant le cas où ces mêmes récoltants se trouveraient plus tard replacés dans la position de bouilleurs de profession et posséderaient à ce moment des quantités d'alcool pour lesquelles l'impôt aurait été acquitté, ces quantités n'entreraient que pour mémoire dans le compte nouveau. Par suite, les manquants ultérieurs ne deviendraient imposables qu'après déduction:

1° De l'allocation annuelle de 20 litres ;

2° Des quantités suivies pour mémoire.

En vue d'assurer le contrôle des mesures prises à l'égard

9

des bouilleurs de cru convaincus d'avoir d'avoir enlevé ou laissé enlever de chez eux des spiritueux sans expédition ou avec une expédition inapplicable, il sera établi, dans chaque direction ou sous-direction, pour l'ensemble de la division administrative, et dans chaque contrôle, recette ou poste, pour la circonscription d'exercice, un tableau des bouilleurs de cru dont le privilège aura été suspendu dans les conditions déterminées par le dernier paragraphe de l'article 10. Ce tableau devra être tenu constamment à jour : il indiquera exactement les noms, surnoms, prénoms et domiciles des contribuables, la date et la nature de l'infraction, celle des jugements et arrêts qui auront prononcé la suspension des immunités, l'époque à partir de laquelle la suspension aura été appliquée, les cas de récidive, s'il y a lieu, enfin tous les renseignements propres à éclairer en tout temps le service.

140. Le récoltant qui dégénère en bouilleur de profession est aussi considéré comme récoltant entrepositaire pour les boissons de toute nature qu'il possède, et la dernière circulaire de 1900 indique la façon de procéder des agents chez ces récoltants :

« Chez les récoltants entrepositaires, le service procédera au récolement des vins, cidres et poirés leur appartenant, et il liquidera leur compte sous la déduction de 10 0/0, fixée par l'article 17 du décret du 17 mars 1852.

» Les manquants nets qui apparaîtront seront soumis immédiatement au droit d'entrée.

» Il n'y aura lieu de se préoccuper des quantités restantes que dans les communes qui continueront à percevoir des taxes d'octroi sur ces boissons. Dans ce cas, les portatifs seront communiqués aux préposés communaux, qui y puiseront les renseignements nécessaires pour la suite du compte ».

141. Aucun texte ne limite le nombre des appareils possédés, pourvu qu'ils soient déclarés et, en cas de déplacement, aucune nouvelle déclaration n'est exigée par l'article 10, non plus que par l'article 12 de la loi actuelle.

142. Il est interdit à quiconque, et en particulier aux récoltants, de préparer, en vue de la distillation des macérations de grains, de matières farineuses ou amylacées, ou de mettre en fermentation des matières sucrées ni de procéder à aucune opération chimique ayant pour conséquence directe ou indirecte une production d'alcool, sans en avoir préalablement fait la déclaration au bureau de la régie. (Art. 9, § 2, l. de 1900.)

La conséquence de cette déclaration serait de faire tomber le récoltant dans la classe des distillateurs de profession et de lui faire perdre sa situation de bouilleur de cru, les produits en question ne pouvant être rangés dans l'énumération des vins, cidres, poirés, prunes et cerises qu'il lui est permis de distiller. (*Voir ci-après, n° 151, le décret du 23 janvier 1901*).

143. L'alcool produit par le bouilleur de cru sera ainsi connu dans la majorité des cas, de l'administration dont la vigilance sera excitée par la connaissance des quantités existantes qui ne pourront servir au vinage des vins, qui est interdit, ni au mutage des vins de liqueur, qui est assujetti au paiement des droits indiqués plus haut. Reste la circulation clandestine ; elle est prévue et réprimée par l'article 10 §4 de la loi de décembre 1900, qui s'exprime ainsi: « Les bouilleurs de cru convaincus d'avoir *enlevé* ou *laissé enlever* de chez eux des spiritueux sans expédition ou avec une expédition inapplicable, indépendamment des peines principales dont ils sont passibles, perdront leur privilège et deviendront soumis au régime des bouilleurs de profession pour toute la durée de la campagne en cours et la campagne suivante.

144. Tout bouilleur de cru qui sortirait de ces limites et voudrait échapper à ces restrictions, tomberait *ipso facto* sous le régime des distillateurs de profession dont nous allons étudier la règlementation.

§ 2. — DISTILLATEURS OU BOUILLEURS DE PROFESSION

145. La réglementation fiscale touchant les distillateurs et les distilleries a fait l'objet de dispositions antérieures à la loi du 29 décembre 1930 ; nous ne retrouvons dans cette dernière que quelques rares prescriptions qui leur soient applicables ; elles sont relatives :

1° A la fixation du taux des licences trimestrielles ;

2° A la nécessité de l'usage de l'acquit-à-caution pour les expéditions de spiritueux à certaines personnes et dans certaines catégories de localités ;

3° A l'introduction ou à la fabrication, dans les distilleries de toutes boissons autres que les spiritueux ;

4° Aux préparations, macérations, mise en fermentation de toutes matières ayant pour conséquence directe ou indirecte la production de l'alcool ;

5° Aux pénalités nouvelles indiquées dans l'article 14.

146. La fabrication et la distillation des eaux-de-vie et esprits sont prohibés dans la ville de Paris (article 10, loi du 1er mai 1822) ; ces prohibitions peuvent être appliquées, sur la demande des conseils municipaux, dans les villes sujettes à l'octroi. (Article 10, loi du 24 mai 1834.)

147. Les distilleries ont été réparties en plusieurs catégories par les lois et les décrets sur la matière :

1° Les distilleries ordinaires qui ne mettent en œuvre que des vins, cidres, poirés, lies, marcs et fruits ;

2° Les distilleries industrielles ;

3° Les distilleries agricoles ;

4° Les distilleries ambulantes.

148. Les distillateurs ordinaires sont assujettis à des formalités préalables à l'exercice de leur profession qui s'appliquent. d'ailleurs à tous les distillateurs et qui les mettent dans l'obligation, avant toute distillation :

1° De faire la déclaration d'établissement ou de profession déposée à la recette buraliste quinze jours au moins avant le commencement des premiers travaux de distillation. (Article 97, loi de 1816 — Décret du 18 septembre 1879 Règlement A. — Décret du 15 avril 1881 Règlement B.), et du lieu où sont situés leurs établissements. (Article 117, loi de 1816, abrogé en matière de brasserie, maintenu quant aux distillateurs par l'article 17 de la loi du 30 mai 1898.)

2° De déclarer les quantités, espèces et qualités des boissons qu'ils possèdent, tant dans le lieu de leur domicile qu'ailleurs. (97, loi de 1816.)

3° De faire par écrit, avant de distiller, toutes les déclarations nécessaires pour que les employés puissent surveiller leur fabrication, en constater les résultats et les prendre en charge sur leurs registres portatifs.

Il leur sera délivré des ampliations de leurs déclarations qu'ils devront représenter à toute réquisition des employés pendant toute la durée de la fabrication (Articles 138, 139, loi du 28 avril 1816)

Cette déclaration doit avoir lieu au moins quatre heures d'avance dans les villes et douze heures dans les campagnes et énoncer : 1 le numéro et la contenance des chaudières, bacs et cuves de macération qui devront être mises en activité ; les déclarants demeurent tenus de fournir l'eau, les ustensiles et les ouvriers nécessaires pour vérifier, par l'empotement ou le jaugeage métrique, les contenances et pour pouvoir procéder au mesurage et pesage de mélasses et produits de toute nature, lors des exercices, visites, recensements, inventaires et de la vérification des chargements au départ et à l'arrivée. Les numéros et l'indication de la contenance sont peints à l'huile en caractères d'au moins cinq centimètres de hauteur, par les soins et aux frais des déclarants. (139, loi de 1816).

Comme corollaire de cette obligation, les distillateurs ne peuvent changer, modifier ou altérer la contenance des chaudières, cuves et bacs, ou en établir de nouveaux, sans en avoir fait la déclaration par écrit, 24 heures d'avance, avec soumission de ne faire usage desdits ustensiles, qu'après que leur contenance aura été vérifiée, conformément à ce qui vient d'être indiqué. (Article 118, loi de 1816.)

4° De faire sceller et — s'ils en sont requis — de faire maçonner toutes les communications de la distillerie avec les bâtiments voisins, autres que la maison d'habitation, ainsi qu'avec les bâtiments dans lesquels l'industriel se livre, soit à la fabrication, soit au commerce des boissons fermentées autres que les alcools, soit à la préparation des liqueurs ou eaux-de-vie aromatisées, telles que les absinthes ou similaires d'absinthes, etc., etc. (Article 125, loi de 1816.)

5° De payer la licence telle qu'elle a été déterminée par la loi du 19 décembre 1900 — voir ci-dessus le tableau — fixée à 10 francs par trimestre, lorsque les distillateurs ne fabriquent pas plus de 50 hectolitres d'alcool pur par an : à 15 francs lorsqu'ils fabriquent de 51 à 150 hectos par an ; à 30 francs lorsqu'ils fabriquent plus de 150 hectos par an ;

6° De présenter une caution solvable qui s'engage solidairement avec eux au paiement de taxes générales et locales constatées à leur charge (loi du 3 août 1872, art. 6).

149. La loi du 21 mars 1874 prévoyait, dans son article 4, des règlements d'administration publique pour déterminer les mesures nécessaires afin d'assurer la perception de l'impôt dans les distilleries, chez les dénaturateurs d'alcool, et relativement aux versements d'alcool dans les vins (vins d'exportation, seuls admis aujourd'hui au vinage).

Ces règlements n'intervinrent que le 20 juillet 1878, pour les distilleries ordinaires (remplacé d'ailleurs par le décret du 15 avril 1881); le 18 septembre 1879, pour les distilleries industrielles, et le 19 septembre 1879 pour les distilleries agricoles, le tout complété par la loi du 30 mai 1899, et le décret du 10 août 1899.

Les dispositions qu'ils renferment sont très détaillées et nous allons en indiquer les dispositions.

150. Distilleries ordinaires. — *Décret du 15 avril 1881 portant règlement d'administration publique, appelé règlement B.*

Article premier.— Le présent règlement est applicable : 1° aux distilleries de vins, cidres, poirés, lies, marcs et fruits qui ne se trouvent pas prévues par la loi du 14 décembre 1875 (*c'est-à-dire les distilleries de bouilleurs de cru*); 2° aux distillateurs qui, mettant en œuvre d'autres matières, ou recevant des esprits du dehors, obtiennent, par de simples distillations ou par des opérations de rectification, des produits propres à être livrés directement à la consommation, et dans lesquelles l'administration ne juge pas utile de rétablir un service de surveillance permanente, conforme aux prescriptions du règlement A, du 18 septembre 1879 ; 3° aux distilleries ambulantes,

Art. 2. — Les employés de la régie des contributions indirectes, sont autorisés à pénétrer, à toute heure de jour et de nuit, dans les distilleries auxquelles s'applique ce règlement (*ainsi modifié par l'article 8 de la loi du 30 mai 1899*), et à y exercer une surveillance permanente, même en cas d'inactivité déclarée des usines.

Les distillateurs qui procèdent à des opérations de distillation ou de rectification en dehors des heures de travail indiquées dans leurs déclarations sont passibles des peines édictées par l'article 1er de la loi du 28 février 1872.

Art. 3. — L'administration peut exiger que deux chaises et une table avec tiroir fermant à clef soient mises à la disposition des employés dans l'intérieur de la distillerie.

Le prix de location de ces meubles est fixé de gré à gré, et, à défaut de fixation amiable, réglé par le préfet.

ART. 4. — Toute communication intérieure entre les locaux affectés à des opérations de distillation ou de rectification et les bâtiments voisins non occupés par les fabricants est interdite et doit être supprimée.

Est également interdite et doit être supprimée toute communication entre ces locaux et ceux dans lesquels les distillateurs et les rectificateurs fabriquent ou emmagasinent des liqueurs ou des fruits à l'eau-de-vie.

Si les vins destinés à être vendus en nature sont emmagasinés dans des locaux en communication intérieure avec la distillerie, l'agencement des appareils de distillation, des conduits et des récipients doit être établi de telle sorte que les alcools arrivent en vase clos et que, dans le trajet, aucune quantité ne puisse être soustraite à la prise en charge. Les récipients dans lesquels seront reçus les alcools ne pourront être, dans ce cas, ouverts qu'en présence des agents des contributions indirectes. Ils seront scellés du plomb de la régie.

Le distillateur est tenu, dans le délai d'un mois à partir du jour où il en est requis par l'administration, d'intercepter, par une construction en maçonnerie, les communications interdites. (*Rapprochez décret du 18 septembre 1879, art. 4 ci-dessous*).

ART. 5. — Les numéros et l'indication de la contenance des chaudières, alambics et autres vaisseaux déclarés en exécution des articles 117, 118 de la loi du 28 avril 1816, doivent être peints à l'huile, en caractères ayant au moins 5 centimètres de hauteur, par les soins et aux frais du déclarant.

ART. 6. — Pour le pesage et le mesurage des produits de toute nature, lors des exercices, des recensements, des inventaires et de la vérification des chargements, au départ ou à l'arrivée, les distillateurs sont tenus de fournir les ouvriers, ainsi que les ustensiles nécessaires.

ART. 7, — L'administration a la faculté de faire installer à ses frais, et dans les conditions qu'elle déterminera, des compteurs destinés à mesurer les vins, les cidres ou poirés introduits dans les alambics,et les quantités de liquide alcoolique qui coulent de chaque appareil à distiller ou à rectifier.

ART. 8. — Tout récipient destiné à contenir de l'alcool, sauf les futailles employées pour l'emmagasinement et le transport, doit être muni d'un indicateur avec un tube en verre, disposé de manière à présenter extérieurement le niveau du liquide. Ces indicateurs, dont l'échelle doit être graduée par centimètres, peuvent être remplacés par une jauge métallique, également graduée par centimètres. Deux ouvertures dans chaque récipient sont ménagées aux points indiqués par les employés pour l'entrée de la jauge.

ART. 9. — Les distillateurs dont la production moyenne est au moins de six hectolitres d'alcool par jour doivent être pourvus, à leurs frais, d'un dépotoir ou d'un hectolitre, et ceux dont la production est inférieure à six hectolitres, d'un hectolitre ou d'un décalitre. Chacun de ces instruments de mesurage, dûment contrôlé par le vérificateur des poids et des mesures, doit être muni, savoir :

Le dépotoir, d'une échelle graduée par litres, pour une contenance d'un hectolitre au moins ;

L'hectolitre ou le décalitre, d'une jauge métallique graduée par litres.

ART. 10. — Les déclarations prescrites par la loi du 28 avril 1816, relativement à la profession de distillateur et à la contenance des chaudières, cuves et bacs dont il doit être fait usage dans les distilleries, doivent être déposées à la recette buraliste quinze jours au moins avant le commencement des premiers travaux de distillation.

Ces déclarations sont valables tant que les industriels continuent à exercer la profession de distillateur et qu'ils n'ont pas apporté à la contenance des vaisseaux les modifications prévues par l'article 118 de la loi précitée.

Sont également reçues à la recette buraliste les déclarations que les détenteurs d'appareils propres à la distillation d'eaux-de-vie ou d'esprits sont tenus de faire, en exécution de l'article 1er de la loi du 2 août 1872, modifié par la loi du 11-17 décembre 1875.

ART. 11. — Les distillateurs qui mettent en œuvre des vins, des cidres ou des poirés doivent constater, sur un registre que l'administration leur remet à cet effet, dans les conditions ci-après déterminées, le détail et les résultats de toutes les fabrications de vins, cidres ou poirés effectués dans les dépendances de leur distillerie.

S'il s'agit d'une fabrication ordinaire, le distillateur doit inscrire, tant à la souche qu'au bulletin :

Le numéro des cuves, la date et l'heure du commencement de l'opération. — S'il s'agit d'une fabrication au moyen de raisins secs ou de marcs, il doit y inscrire de plus : le poids des raisins secs ou le volume des marcs mis en œuvre.

Dans l'un et l'autre cas, le distillateur inscrit, en outre, à la souche et au bulletin dudit registre, — avant le soutirage du produit fabriqué : la date et l'heure du commencement de l'opération. Dès que le soutirage est terminé : l'heure à laquelle l'entonnement est terminé ; la quantité de vin, cidre ou poiré qui a été entonnée. — Le distillateur doit alors détacher le bulletin et le déposer immédiatement dans une boîte dûment scellée par les employés.

ART. 12. — Les boissons autres que les spiritueux introduites sous acquit-à-caution ou fabriquées dans les distilleries sont prises en charge comme matières premières.

Ce compte est déchargé des quantités successivement soumises à la distillation et des quantités expédiées avec des titres de mouvements réguliers. (*Ajoutez les dispositions de l'art. 9, loi de 1900, ci-dessus n° 6.*)

ART. 13. — Les employés sont autorisés à arrêter, à toute époque, la situation des boissons dont le compte est tenu en vertu de l'article précédent.

Les excédents sont saisis conformément à la législation sur les boissons. Si la vérification fait ressortir des manquants non couverts par la déduction réglementaire, les droits sont payés sur une quantité d'alcool égale à celle que représentent les boissons formant le manquant net. Dans ce cas, la quantité d'alcool imposable est calculée d'après le rendement des boissons distillées depuis le commencement de la campagne. (*Conf. Décr.* 18 *sept.* 1879, *art.* 22.)

ART. 14. — Toute introduction de mélasses doit être justifiée par la représentation d'un acquit-à caution.

Les quantités introduites sont prises en charge à un compte spécial.

Ce compte est successivement déchargé des quantités mises en fermentation ou expédiées en nature sous acquit-à-caution. (*Conf. Décr.* 18 *sept.* 1879, *art.* 22.)

Les employés peuvent arrêter la situation des restes et opérer la balance du compte aussi souvent qu'ils le jugent nécessaire.

Les excédents que fait ressortir cette balance sont ajoutés aux charges. Les manquants qu'elle fait apparaître sont portés en sortie.

Si le distillateur justifie que les manquants proviennent d'évaporation ou de perte matérielle, l'administration affranchit des droits dont ils sont passibles les sucres que représentent ces manquants.

ART. 15. — Le distillateur est tenu de faire à la recette buraliste, au début de chaque campagne, une déclaration générale du nombre de jours de travail et le rendement d'alcool minimum, par hectolitre de boisson ou de matière qui sera soumis à la distillation, ainsi que de l'heure à partir de laquelle commencera et cessera, chaque jour, le chauffage des appareils à distiller, quand le travail ne devra pas être continu. (*Conf. Décr.* 18 *sept.* 1879, *art.* 23.)

Les déclarations modificatives du minimum de rendement et du temps pendant lequel la distillerie fonctionne chaque jour sont également faites, quand il y a lieu, à la recette buraliste.

Art. 16. — Les déclarations imposées aux distillateurs qui mettent en œuvre des matières autres que des vins, cidres, poirés, lies, marcs et fruits, en ce qui concerne : 1° l'heure de chargement des cuves de fermentation ; 2° la quantité de liquide ou de matière qui doit être mise en fermentation (article 139 de la loi du 28 avril 1816, 9 et 10 de la loi du 20 juillet 1837), doivent présenter, par journée, le détail des opérations.

Ces déclarations sont faites, au choix du distillateur, soit à la recette buraliste, pour une période qu'il fixe lui-même, soit sur un registre à souche qui lui est remis à cet effet.

Le distillateur doit inscrire sur ce registre, tant à la souche que sur le bulletin :

1° A l'instant même où le jus et les matières commencent à être versés dans la cuve :

Le numéro de cette cuve ;

La date et l'heure du commencement de l'opération ;

2° A la fin du chargement de chaque cuve :

L'heure à laquelle le chargement est terminé ;

Le poids des farines et celui des mélasses ;

Le volume des jus et des matières macérées ;

3° A mesure que le contenu de chaque cuve est mis en distillation ou placé dans le réservoir d'attente :

La date et l'heure auxquelles on commence à extraire le liquide fermenté ;

L'heure à laquelle l'extraction a cessé, et, le cas échéant, la quantité de liquide réservée pour un nouveau chargement.

Le bulletin est déposé dans une boîte dûment scellée par les employés.

Art. 17. — Les déclarations que les bouilleurs de profession sont tenus de faire relativement aux quantités de vins, cidres, poirés, lies, marcs et fruits qui sont soumis à la distillation (article 141 de la loi du 28 avril 1816 et 10 de la loi du 20 juillet 1837) doivent être inscrites sur le registre spécifié à l'article suivant.

ART. 18. — Le registre de mise en distillation est disposé comme il est dit au deuxième paragraphe de l'article 11.

Le distillateur doit inscrire sur ce registre, tant à la souche qu'au bulletin :

1° Au moment même où commence chaque chargement d'alambic :

Le numéro de l'alambic ;

La date et l'heure du commencement de l'opération ;

2° Dès que le chargement est terminé :

L'heure à laquelle l'opération est terminée ;

La quantité de vins, cidres, poirés, lies, marcs et fruits et autres matières fermentées introduits dans l'alambic.

Le bulletin est déposé dans une boîte, conformément aux prescriptions du dernier paragraphe de l'article 11 précité.

Dans les usines où chaque chargement d'alambic comprend une quantité uniforme de liquide ou de matières, cette quantité est constatée, au début de la campagne, dans un acte libellé en tête du registre de distillation ou de portatif, et dûment signé par le distillateur. En pareil cas, l'industriel est dispensé d'inscrire, pour chaque chargement, la quantité de liquide ou de matière introduite dans l'appareil à distiller. Il y inscrit seulement l'heure de chaque chargement (*Conf. Décr.* 18 *sept.* 1879, *art.* 24.)

ART. 19. — Dans les usines où le chargement des alambics est continu, une seule inscription est faite par le distillateur, à la fin de chaque journée, ou à chaque interruption de travaux, s'il s'en produit accidentellement dans le courant de la journée, sur le registre mentionné à l'article précédent. Chaque inscription comprend l'ensemble des quantités de vins, cidres, poirés, lies, marcs ou fruits, qui ont été soumises à la distillation depuis la précédente déclaration.

ART. 20. — Les distillateurs qui veulent profiter des dispositions de l'article 142 de la loi du 28 avril 1816 sont tenus d'en faire la demande par écrit au chef de service de la circonscription.

ART. 21. — La base de conversion adoptée d'un commun accord est constatée au portatif par un acte signé du distillateur.

ART. 22. — Les employés de la régie sont autorisés à procéder aux vérifications qu'ils jugent nécessaires pour s'assurer de l'exactitude des déclarations relatives au minimum de rendement des liquides et des matières à distiller.

S'il y a contestation, la force alcoolique des boissons et des matières dont le rendement minimum n'est pas déterminé par la loi est définitivement fixée à la suite des expériences contradictoires prescrites par l'article 10 de la loi du 20 juillet 1837.

Les employés peuvent exiger que ces expériences soient faites, sous leur direction, au moyen des appareils du distillateur et avec son concours ou celui de son représentant.

Le minimum de rendement à déclarer par le distillateur ne peut être inférieur à la quotité que représente, sous la déduction de dix pour cent, la quantité d'alcool obtenue par la distillation opérée contradictoirement. (*Conf. Décr. 18 sept. 1879, art. 25.*)

ART. 23. — Les quantités d'alcool que représentent, d'après le rendement minimum déclaré ou fixé en exécution des articles 15, 21 et 22, les quantités de boissons ou d'autres matières en distillation (articles 16, 18 et 19), sont prises en charge au compte de fabrication du distillateur, à la fin de chaque journée ou à chaque visite des employés.

ART. 24. — Dans toutes les usines, les distillateurs doivent inscrire, à la fin de chaque journée de travail, sur un registre analogue à celui qui est spécifié à l'article 11, la quantité d'alcool pur contenue dans les spiritueux achevés provenant de la distillation ou de la rectification quoitdienne. Ce registre est tenu dans les conditions déterminées par le dernier paragraphe de l'article 11. — Les quantités d'alcool successivement inscrites sur le registre sont prises en charge au magasin, à chaque visite des employés.

ART. 25. — Les spiritueux quelconques provenant du dehors doivent être soumis à la vérification des agents de surveillance A cet effet, ils doivent être conservés intacts dans les vaisseaux qui ont servi à leur transport, pour être vérifiés à la première visite des employés. Toutefois, trois jours après que la déclaration d'arrivée a été faite à la recette buraliste, le distillateur peut disposer de ses produits, si les employés ne se sont pas présentés dans ce délai.

Les quantités d'alcool introduites dans l'usine sont prises en charge : 1° au compte de fabrication; 2° au compte de magasin. (*Conf. Décr.* 18 *sept.* 1879, *art.* 28.)

ART. 26. — Dans les distilleries où les flegmes ou brouillis provenant d'une première distillation opérée sur place sont soumis à un repassage, l'opération de ce repassage ou bonne chauffe, doit être constatée par le distillateur sur un registre *ad hoc,* dans les conditions déterminées par l'article 18.

Dans les usines qui rectifient des produits venant du dehors (article 25), la remise en fabrication de ces produits doit être déclarée par le distillateur sur le registre mentionné au paragraphe précédent.

Les quantités d'alcool contenues dans ces produits sont portées en décharge au compte de magasin.

ART. 27. — L'administration accorde décharge des mélasses et des boissons prises en charge comme matières premières ou des spiritueux dont la perte a été régulièrement constatée par les employés de la régie. (*Conf. loi du* 29 *décembre* 1900, *art.* 9.)

ART. 28. — Les employés peuvent arrêter, à toute époque, la situation du compte de magasin, tenu en exécution des articles 24, 25 et 26.

Si la vérification fait ressortir un excédent, cet excédent est ajouté aux charges. Toutefois, si aucun travail de distillation ou de rectification n'a été effectué depuis la dernière prise en charge au compte de magasin, l'excédent est saisi conformément à l'article 100 de la loi du 28 avril 1816.

Si la vérification fait ressortir des manquants, ces manquants ne sont admis en décharge que jusqu'à concurrence de la déduction annuelle fixée en exécution de l'article 6 de la loi du 20 juillet 1837. Le compte de cette déduction est suivi par campagne annuelle commençant le 1er octobre et finissant le 30 septembre suivant. (*Conf. Décr.* 18 *sept.* 1879, *art.* 36.)

ART. 29. — Un inventaire général des produits de la distillation et de la rectification est opéré toutes les fois que les employés le jugent nécessaire. Cet inventaire est fait, autant que possible, lorsque les appareils sont au repos.

ART. 30. — Dans les distilleries qui ne mettent en œuvre que des spiritueux venant du dehors, les quantités d'alcool qui, à la suite de chaque inventaire, constituent un excédent sur la prise en charge effectuée au compte de fabrication, en exécution de l'article 25, sont saisies conformément à l'article 100 de la loi du 28 avril 1816.

Les manquants que fait apparaître la balance de ce compte, après allocation de la déduction acquise au compte de magasin, sont immédiatement imposables.

Toutefois, l'administration accorde décharge des manquants, lorsqu'il est établi qu'ils proviennent de déchets de rectification et qu'ils ne dépassent pas cinq pour cent des prises en charge.

Lorsque les distillateurs réclament contre la décision de l'administration, ou lorsque les déchets dépassent cinq pour cent, le ministre statue, après avoir pris l'avis de la section des finances du conseil d'Etat. (*Conf. Décr.* 18 *sept.* 1879, *art.* 38.

ART. 31. — Dans les distilleries autres que celles auxquelles s'applique l'article précédent, si la balance du compte de fabrication tenu en exécution des articles 23 et 25 fait ressortir un excédent, cet excédent est ajouté aux charges à titre de boni de rendement.

Si l'inventaire fait ressortir un manquant, ce manquant est soumis à l'impôt ou admis en décharge comme provenant de déficit de rendement ou de déchet de rectification, dans les conditions déterminées par les trois derniers paragraphes de l'article précédent. (*Conf. Décr.* 18 *sept.* 1879, *art.* 39.)

ART. 32. — Les registres que les distillateurs doivent tenir en exécution des articles 11, 16, 18, 19, 24 et 26 leur sont fournis gratuitement par l'administration, ainsi que les boîtes aux bulletins. Ces registres et boîtes doivent être représentés à toute réquisition des employés. Les distillateurs sont tenus de remplir les registres sans interruption ni lacune, et sans rature ni surcharge.

ART 36. — A partir du 1er juillet 1881, le présent règlement sera mis en vigueur et les règlements des 18 et 20 juillet 1878 cesseront d'être exécutoires.

151. *Décret du 10 août 1899 déterminant les mesures d'exécution de l'article 8 de la loi du 30 mai 1899, sur les visites et vérifications chez les distillateurs de profession.*

ARTICLE PREMIER. — Le distillateur qui veut bénéficier des dispositions du deuxième paragraphe de l'article 8 de la loi du 30 mai 1899 (voir cette loi ci-dessus, page 23) doit, par une déclaration à la recette buraliste de la résidence des employés, faire connaître lequel des trois modes prévus par ledit paragraphe (scellement des appareils, travail en vase clos, apposition de compteurs) il désire appliquer dans son usine.

ART. 2. — Chez les distillateurs qui se seront placés sous le régime du scellement des appareils pendant les périodes d'inactivité de leurs usines, la mise hors d'usage desdits appareils sera obtenue :

10

a) Si le chauffage est à feu nu, en disposant la porte du foyer placé sous chacun d'eux de façon qu'elle puisse être maintenue fermée par un plomb ;

b) Si le chauffage se fait à la vapeur, en scellant les robinets d'adduction de la vapeur agencés à cet effet.

L'agencement des portes ou des robinets pour l'apposition des scellés devra être agréé par le service des contributions indirectes.

Les employés pourront en outre apposer sur telles parties desdits appareils qu'ils jugeront convenable, des scellés susceptibles d'être détruits ou altérés par le fait de la mise en activité de ces appareils.

Les scellés devront être représentés intacts à toute réquisition.

ART. 3. — L'apposition des scellés sera réclamée dans la déclaration de cessation ou d'interruption de travail faite à la recette buraliste de la résidence des employés qui exercent l'usine.

Le distillateur dont l'installation aura été agréée par l'administration et qui aura fait régulièrement la déclaration ci-dessus n'aura plus à souffrir les visites de nuit à partir du jour qui suivra celui où sa déclaration aura été déposée, alors même que les scellés n'auraient pas encore été apposés par le service.

Le distillateur ne pourra desceller ses appareils.

Toutefois, si, une heure après celle fixée pour la reprise du travail dans la déclaration de fabrication, faite vingt-quatre heures à l'avance à la recette buraliste de la résidence des employés, ceux-ci ne sont pas intervenus pour rompre les scellés, le distillateur pourra les briser, sauf à remettre les plombs aux employés au cours de leur plus prochaine visite.

ART. 4. — Seront considérés comme travaillant en vase clos les distillateurs dont les installations répondront aux conditions suivantes:

1° L'éprouvette sera placée sous un globe en verre scellé s'opposant à tout prélèvement d'alcool;

2° La partie inférieure de la tige des robinets de direction apposée sur les tuyaux mettant les éprouvettes en communication avec les appareils et les bacs sera traversée par une goupille scellée;

3° Lesdits robinets de direction seront agencés de telle sorte qu'ils ne puissent jamais interrompre complètement la circulation du liquide et le faire refluer à l'éprouvette;

4° Les raccords et joints des tuyaux reliant les bacs et les appareils de distillation aux éprouvettes seront placés à l'abri de toute atteinte à l'intérieur des manchons fixés par des plombs;

5° Les robinets de vidange adaptés aux appareils à distiller, aux tuyaux affectés à la circulation de l'alcool et aux bacs reliés directement aux éprouvettes seront maintenus fermés par un scellé;

6° Les trous de jauge des bacs qui reçoivent le produit de la distillation seront fermés par des opercules scellés et les couvercles des trous d'homme seront fixés par un plomb;

7° L'extrémité supérieure des tubes indicateurs de niveau adaptés auxdits bacs sera pourvue d'un ajutage métallique mettant ces tubes en communication avec l'intérieur des récipients et interrompant toute communication avec l'extérieur;

8° Les robinets de vidange seront tenus à l'abri de toute atteinte à l'intérieur d'une boîte fermée par un plomb.

Si l'organisation du vase clos comporte l'usage de boulons, ceux-ci devront être rivés.

Les distillateurs ne cesseront d'être soumis aux visites de nuit qu'après que les installations auront été agréées par l'administration.

Art. 5. — Les compteurs devront fournir les indications nécessaires pour déterminer, avec une approximation de 0,5 %, la quantité d'alcool pur représentée par les produits de la distillation ou de la rectification.

Ils ne seront agréés qu'après avoir été expérimentés pendant deux mois au moins en présence et avec la participation du service de la régie.

Celui-ci aura la faculté de faire procéder, toutes les fois qu'il le jugera convenable, à de nouvelles expériences.

Le distillateur devra fournir les matières, les ustensiles et les ouvriers nécessaires pour la vérification du fonctionnement des compteurs.

Dans le cas où la quantité d'alcool représentée serait inférieure de plus de 0,5 %, à la quantité accusée par le compteur dans l'intervalle de deux vérifications, la prise en charge serait établie d'après les indications de cet appareil.

Art. 6. — Il est interdit :

1° D'apporter à l'agencement des installations de distillation en vase clos aucun changement qui n'aurait pas été préalablement accepté par le service de la régie ;

2° De faire subir aux compteurs aucune modification de niveau ou autre, susceptible d'en fausser les indications. »

152. Distilleries industrielles. — *Décret réglementaire du 18 septembre 1879 portant règlement d'administration publique sur les distilleries autres que celles qui mettront en œuvre des vins, cidres, poirés, lies, marcs et fruits. (Règlement A.)*

ARTICLE PREMIER. — Le présent règlement est applicable aux distilleries dans lesquelles l'administration juge utile d'établir un service de surveillance permanente, qui rectifient soit des flegmes, soit des esprits imparfaits fabriqués dans d'autres établissements, ou qui, mettant en œuvre des matières autres que des vins, cidres, poirés, lies, marcs et fruits, obtiennent, par de simples distillations ou par des opérations de rectification, des produits propres à être livrés directement à la consommation.

Il sera mis en vigueur à dater du 1er octobre 1879.

A partir de cette époque, le règlement du 18 juillet 1879 cessera d'être exécutoire pour les distilleries qui seront régies par le nouveau règlement. Il continuera à s'appliquer aux distilleries qui livrent directement leurs produits à la consommation et qui ne sont pas soumises au régime de la surveillance permanente.

ART. 2. — Les employés de la régie des contributions indirectes sont autorisés à pénétrer dans les distilleries à toute heure du jour et de nuit et à y exercer une surveillance permanente, lorsqu'il existe dans les ateliers des matières en fermentation ou des liquides susceptibles d'être livrés à la distillation ou à la rectification.

ART. 3. — Le distillateur doit disposer dans l'enceinte de son usine, pour servir de bureau aux employés, un local convenable, garni de chaises, de tables, d'un poêle ou d'une cheminée. Il doit, en outre, mettre à la disposition des employés de service, à proximité des éprouvettes qui reçoivent le liquide alcoolique à la sortie des appareils à distiller ou à rectifier, deux chaises et une table avec tiroir fermant à clef.

Le prix de la location de ces meubles et du bureau est fixé de gré à gré, ou, à défaut de fixation amiable, réglé par le préfet (Conf. Décr. 19 sept. 1897, art. 3.)

ART. 4. — Toute communication intérieure entre la distillerie et les bâtiments voisins non occupés par le distillateur, ou ceux dans lesquels le distillateur se livre soit à la fabrication ou au commerce des boissons fermentées autres que les alcools, soit à la préparation des alcools ou eaux-de-vie aromatisées, telles que les absinthes ou les similaires d'absinthe, etc., etc., est interdite et doit être supprimée.

Lorsque la maison du distillateur n'est pas séparée des ateliers de fabrication par une cour intérieure, toute communication directe entre ces ateliers et la maison et ses dépendances peut également être interdite. Le distillateur est tenu, dans le délai d'un mois à partir du jour où il en aura été requis par l'administration, d'intercepter les communications interdites par une construction en maçonnerie. (*Conf. Décr.* 19 sept., *art.* 4.)

ART. 5. — La capacité des chaudières, des alambics, des citernes et des vaisseaux déclarés conformément aux articles 117, 118, 140 de la loi du 28 avril 1816, est vérifiée par le jaugeage métrique et, au besoin, par empotement.

Chaque chaudière, alambic, citerne, vaisseau et récipient quelconque reçoit un numéro d'ordre avec indication de sa contenance en litres.

Le numéro et l'indication de la contenance sont peints à l'huile, en caractères ayant au moins 5 centimètres de hauteur, par les soins et aux frais du déclarant.

ART. 6. — Les distillateurs sont tenus de fournir les ouvriers et les ustensiles nécessaires, tant pour le jaugeage des vaisseaux et récipients, que pour le pesage et le mesurage des mélasses et des produits de toute nature, lors des exercices, des recensements, des inventaires et de la vérification des chargements au départ et à l'arrivée.

ART. 7. — Les tuyaux dans lesquels circulent l'alcool doivent être seuls peints en rouge. Un numéro d'ordre est donné à chaque tuyau Ce numéro d'ordre doit être peint ou poinçonné, d'une manière très apparente, auprès de chaque point de raccord.

Chaque tuyau est installé dans des conditions telles qu'on en puisse suivre de l'œil tout le parcours.

Aucune ouverture ne doit être pratiquée aux tuyaux mentionnés au présent article, sans que le distillateur en ait préalablement fait la déclaration aux employés.

ART. 8. — Le distillateur est tenu de remettre, en double expédition, une déclaration indiquant, pour chacun des tuyaux auxquels s'applique l'article précédent, son numéro d'ordre, sa longueur, son point de départ et son point d'arrivée des réfrigérants aux réservoirs, d'un réservoir à un autre ou de ces divers récipients aux appareils à rectifier.

Pour les établissements déjà en exploitation, cette déclaration est remise au chef du service préposé à la surveillance, dans le délai d'un mois à partir de la promulgation du présent règlement ; il en est pris acte au portatif.

Pour les établissements nouveaux, la déclaration sera remise à la recette buraliste en même temps que la déclaration prescrite par l'article 140 de la loi du 28 avril 1816. Les changements ultérieurs seront déclarés d'avance.

Art. 9. — Tout récipient destiné à recevoir des spiritueux, y compris la chaudière de chaque rectificateur, doit être muni d'un indicateur avec un tube en verre disposé de manière à présenter extérieurement le niveau du liquide.

Cet indicateur, dont l'échelle est graduée par centimètres, peut être remplacé, pour les récipients autres que le rectificateur, par une jauge métallique également graduée par centimètres. Deux ouvertures sont ménagées aux points indiqués par les employés pour l'entrée de la jauge. (*Conf. Décr.* 19 *sept.* 1879, *art.* 8.)

Art. 10. — La destination de chaque récipient dans lequel sont reçus les produits de la distillation ou de la rectification doit être indiquée par l'une des mentions suivantes : — Flegmes ; — Alcools à repasser ; — Alcools achevés ; — Huiles essentielles.

Ces mentions sont indiquées par les récipients, ainsi qu'il est spécifié au dernier paragraphe de l'article 5.

Art. 11. — Toute quantité d'alcool trouvée soit dans des tuyaux, soit dans des récipients autres que ceux dont il est question aux articles 7, 8 et 10, ou en dehors des futailles inscrites au registre magasinier, dont la tenue est prescrite par l'article 33, est réputée fabriquée en fraude et saisie.

Art. 12. — L'administration a la faculté de faire installer à ses frais, dans les conditions qu'elle déterminera, des compteurs destinés à mesurer les quantités de liquide alcoolique qui coulent de chaque appareil à distiller ou à rectifier.

Art. 13. — Toute distillerie doit être pourvue par les soins et aux frais de l'industriel d'un dépotoir dûment contrôlé par le vérificateur des poids et mesures.

L'échelle de ce dépotoir est graduée par hectolitre dans sa partie supérieure et par fraction d'un litre chacune dans sa partie inférieure, pour une contenance d'un hectolitre au moins. L'espace d'une division à l'autre ne doit pas être inférieur à 3 millimètres. Toutes les indications de cette échelle doivent être parfaitement lisibles.

L'empotement des futailles est opéré, soit préalablement au moyen de l'eau, soit par le versement même de l'alcool au moment même de l'emplissage des fûts.

Les dépotoirs actuellement en usage dans les distilleries peuvent être admis après vérification du service des poids et mesures.

Tous les distillateurs doivent, en outre, mettre à la disposition de la régie une bascule et des poids pour le pesage des alcools et des futailles.

Art. 14. — Les tonneaux et futailles quelconques employés pour l'emmagasinement et le transport des produits de toute espèce, de toute origine, doivent présenter la marque indicative de leur numéro d'ordre, de leur capacité, de leur tare (poids à vide) après le plâtrage et de leur poids brut.

Ces indications sont peintes ou marquées au feu ou à la rouanne. Elles sont reproduites sur les titres de mouvement.

Les opérations relatives à la pesée de la futaille vide, à son remplissage avec de l'alcool et à la constatation du poids brut, doivent se suivre sans interruption.

Les employés qui ont assisté à l'opération fixent sur l'un des fonds de la futaille, dès qu'elle a été remplie et pesée, une étiquette qui est signée par eux et qu'il est interdit au distillateur de faire disparaître.

Cette étiquette reproduit le numéro d'ordre, la tare et le poids brut de chaque futaille, le volume et la force des spiritueux. Elle est complétée, au moment où la futaille est expédiée de l'usine, par l'indication du numéro de l'acquit-à-caution. (*Conf. Décr.* 19 *sept.* 1879, *art.* 14; 25 *oct.* 1890, *art.* 5.)

Art. 15. — Dans les distilleries autres que celles qui se bornent à recevoir des produits du dehors pour les rectifier, le compte général de fabrication est établi, au choix des distillateurs, suivant l'un des deux modes définis ci-après :

Dans le premier, la prise en charge comprend, d'une part, la quantité d'alcool contenue dans les flegmes obtenus sur place, sans que cette quantité puisse être inférieure au minimum déclaré en exécution des articles 141 de la loi du 28 avril 1816, 9 et 10 de la loi du 20 juillet 1837 ; d'autre part, la quantité d'alcool contenue dans les produits reçus du dehors.

Dans le second, le rendement minimum déclaré en exécution des lois précitées et la quantité d'alcool contenue dans les produits venant de l'extérieur constituent les éléments de la prise en charge, sans que cette prise en charge puisse être inférieure aux résultats de la rectification.

L'option est constatée dans une déclaration signée par le distillateur.

Les distillateurs existant au moment de la promulgation du présent règlement sont tenus de remettre leurs déclarations d'option aux chefs de service préposés à la surveillance de leurs usines, dans un délai de quinze jours à partir de cette promulgation.

Pour les nouveaux distillateurs, l'option est constatée dans la déclaration prescrite par l'article 140 de la loi du 28 avril 1816.

L'option est valable pour une campagne au moins. Elle continue d'avoir son effet tant qu'une déclaration rectificative n'a pas été remise au chef de service. Cette dernière déclaration doit être faite au plus tard dans le courant du mois de juillet qui précède la campagne à partir de laquelle le mode de prise en charge doit être changé.

Art. 16. — Dans le premier des modes de prise en charge indiqués par l'article précédent, les flegmes obtenus sur place sont recueillis séparément, à la sortie des appareils à distiller, dans un ou plusieurs récipients, d'où ils ne peuvent être extraits qu'avec la coopération du service.

Ces récipients ou bacs jaugeurs doivent être isolés et reposer sur des supports à jour. Ils sont fermés et munis de deux échelles graduées par hectolitre, ou, si les dimensions du récipient permettent que l'espace d'une division à l'autre soit de trois millimètres au moins, par décalitres ou litres. Ces échelles sont fixées sur les points désignés par les employés. Elles peuvent être remplacées par une jauge métallique graduée sur une de ses faces, comme les échelles elles-mêmes, et, sur l'autre face, par centimètres. Deux ouvertures sont ménagées aux points indiqués par les employés pour l'entrée de la jauge.

Les ouvertures des bacs jaugeurs sont closes par des couvercles scellés dans les conditions spécifiées par le paragraphe 5 du présent article.

Les points de raccord des tuyaux au moyen desquels ces bacs sont reliés entre eux et avec l'appareil à distiller, et, s'il y a lieu, avec le dépotoir, ne peuvent être démontés qu'en présence des employés affectés à leur surveillance. Ces agents peuvent fixer sur des rondelles formant raccord un plomb ou un scellé qu'il est interdit aux distillateurs de faire disparaître,

Les robinets adoptés à ces tuyaux et aux bacs jaugeurs doivent être maintenus fermés, soit par un cadenas ou par un plomb, soit par tout autre moyen adopté de concert entre le service et le distillateur.

Les récipients actuellement en usage pour recevoir les flegmes à la sortie des appareils à distiller peuvent être admis à titre de bacs jaugeurs, à la condition qu'ils seront fermés, cadenassés et munis d'échelles ou de jauge, conformément aux prescriptions ci-dessus.

Lorsque les bacs jaugeurs sont vides, le distillateur est tenu de les faire nettoyer, s'il en est requis par les employés, afin que ces agents puissent les vérifier à l'intérieur.

L'administration peut exiger que les bacs pleins ou en vidange soient vidés ou nettoyés toutes les fois que les travaux de distillation sont interrompus pour quarante-huit heures au moins.

Quant aux produits de la rectification, ils sont dirigés dans des récipients agencés comme le prescrit l'article 9. Ces récipients ne peuvent communiquer entre eux et avec les alambics que par des tuyaux disposés comme le prescrit l'article 7.

Art. 17. — Les distillateurs auxquels s'applique l'article précédent ne peuvent introduire dans les flegmes, avant que le service en ait opéré la vérification et la prise en charge, aucune quantité de matières susceptibles d'en abaisser le degré alcolique, à moins qu'ils ne fournissent préalablement à l'administration les moyens de constater l'influence de ces matières sur le degré.

Ils ne peuvent retirer les flegmes des bacs jaugeurs qu'après en avoir fait la déclaration aux employés.

Après chaque vérification, les flegmes reconnus sont pris en charge, au compte de magasin des produits à repasser, pour la quantité d'alcool qu'ils contiennent. Ils sont, en outre, pris en charge au compte général de fabrication, sous déduction, s'il y a lieu, des quantités d'alcool ajoutées aux jus fermentés.

Si les quantités d'alcool ainsi prises en charge à ce dernier compte, à la sortie des bacs jaugeurs, sont inférieures au minimum déclaré, une prise en charge supplémentaire est effectuée à ce compte avant chaque inventaire général prescrit par l'article 37 ci-après.

Art. 18. — Dans le second mode de prise en charge prévu

par l'article 15, les produits de la distillation et les produits de la rectification, lorsqu'ils sortent des réfrigérants, doivent être conduits dans des récipients fermés et ne communiquant entre eux et avec les alambics que par des tuyaux agencés de manière qu'on ne puisse détourner ces produits.

Les dispositions de l'article 16 sont applicables aux récipients dans lesquels sont recueillis les spiritueux achevés et aux tuyaux qui relient ces récipients aux appareils à rectifier.

L'administration peut appliquer les dispositions des paragraphes 3, 4 et 5 de l'article 16 précité aux récipients et aux tuyaux destinés à contenir et à faire circuler les flegmes et les autres produits à repasser, quand ces récipients et ces tuyaux sont placés soit en dehors de la salle des alambics, où les employés sont en permanence, soit en dehors des magasins dont les distillateurs ont remis la clef à ces agents.

Art. 19. — Dans les usines auxquelles s'applique l'article 18, les quantités d'alcool que représentent les jus mis en distillation d'après le rendement minimum déclaré par le distillateur sont prises en charge, à la fin de chaque journée, au compte général de fabrication.

Les flegmes provenant de la distillation sont pris en charge, chaque jour, au compte de magasin des produits à repasser, pour la quantité d'alcool qu'ils représentent.

Les excédents d'alcool que font apparaître les inventaires effectués en exécution de l'article 37 ci-après sont ajoutés aux charges du compte général.

Art. 20. — Les plombs et les cadenas dont l'usage est prescrit par le présent règlement sont fournis gratuitement par l'administration : ils sont placés aux frais des industriels suivant les indications des employés de la régie.

Ces agents peuvent fixer sur l'entrée de ces cadenas, dont ils conservent les clefs, un scellé qui ne peut être brisé par les distillateurs sous aucun prétexte.

ART. 21. — Les déclarations prescrites par les articles 117 et 140 de la loi du 28 avril 1816, relativement à la profession de distillateur et à la contenance des vaisseaux en usage dans les distilleries, doivent être faites à la recette buraliste, quinze jours au moins avant le commencement des travaux de distillation et de rectification. Les déclarations prescrites par les articles 7 (dernier paragraphe), 8 (dernier paragraphe), 14 (deuxième paragraphe), 23 (deuxième paragraphe), 27, 29, 30, 33 (dernier paragraphe) et 35 du présent règlement sont reçues par les employés chargés de l'exercice des usines. Elles doivent être faites au moins deux heures d'avance.

ART. 22. — Toute introduction de mélasse doit être justifiée par la représentation d'un acquit-à-caution.

Les quantités introduites sont vérifiées par les employés qui les prennent en charge, à un compte spécial, d'après le poids reconnu à l'arrivée.

Ce compte est successivement déchargé des quantités mises en fermentation ou expédiées en nature sous acquit-à-caution.

Les employés peuvent arrêter la situation des restes et opérer la balance du compte aussi souvent qu'ils le jugent nécessaire.

Les excédents que fait ressortir cette balance sont ajoutés aux charges. Les manquants qu'elle fait apparaître sont portés en sorties.

Sur justifications suffisantes, l'administration affranchit des droits dont ils sont passibles les sucres que représentent ces manquants.

ART. 23. — Quinze jours au moins avant le commencement de chaque campagne, les distillateurs doivent faire, à la recette buraliste, une déclaration générale du nombre de jours de travail, et du rendement d'alcool au minimum par hectolitre de liquide fermenté qui sera soumis à la distillation, ainsi que de l'heure à partir de laquelle commencera et cessera, chaque jour, le chauffage des appareils à distiller, quand le travail ne devra pas être continu.

Les déclarations modificatives du minimum de rendement et du temps pendant lequel la distillerie fonctionne chaque jour sont faites, quand il y a lieu, aux employés en permanence dans l'usine.

Les déclarations prescrites par le présent article sont complétées par les indications du registre de mise en fermentation spécifiées à l'article suivant.

Ce registre doit être tenu par les distillateurs, à moins qu'ils ne fassent aux employés en permanence dans leurs usines les déclarations nécessaires pour les remplir.

Art. 24. — Le registre de mise en fermentation doit présenter sans interruption ni lacune, et sans rature ni surcharge :

1° A l'instant même où le jus et les matières commencent à être versées dans la cuve : — le numéro et la contenance de cette cuve, la date et l'heure du commencement de l'opération ;

2° A la fin du chargement de chaque cuve : — l'heure à laquelle le chargement est terminé ; — le poids des farines et celui des mélasses ; — le volume des jus et des matières macérées ;

3° Quand la fermentation est terminée : — la date et l'heure auxquelles la fermentation a cessé ;

4° A mesure que le contenu de chaque cuve de fermentation est mis en distillation : — la date et l'heure auxquelles on commence à extraire le liquide fermenté ; — l'heure à laquelle l'extraction a cessé et, le cas échéant, la quantité de liquide réservé pour un nouveau chargement.

Ce registre est fourni gratuitement par l'Administration.

Il doit être représenté à toute réquisition des employés, quand il est tenu par les distillateurs eux-mêmes.

Art. 25. — Les employés sont autorisés à constater la densité des jus et des matières macérées avant et après la fermentation. et à prélever, quand ils le jugent nécessaire, des échantillons sur les liquides fermentés destinés à la distillation.

Art. 26.— Indépendamment du compte général de fabrication, des comptes auxiliaires de magasin sont ouverts à chaque distillateur; — pour les produits à repasser, — pour les produits achevés, et, s'il y a lieu, pour les résidus ou huiles essentielles.

Art 27. — Les distillateurs qui ajoutent aux jus fermentés des alcools imparfaits déjà pris en charge sont tenus d'en faire la déclaration aux employés et de les mettre à même d'en reconnaître le volume et le degré.

La quantité d'alcool que représentent ces produits est portée en décharge au compte de magasin. S'il s'agit d'un établissement placé sous le régime de l'article 16, elle vient en atténuation de la quantité d'alcool à prendre en charge au compte général de fabrication.

Art. 28. — A leur entrée dans la distillerie, les flegmes et spiritueux quelconques provenant du dehors doivent être soumis à la vérification des agents de la surveillance.

A la suite de chaque vérification, les employés apposent sur chaque futaille une étiquette qu'il est interdit au distillateur de faire disparaître, et qui indique le numéro d'ordre de cette futaille, sa contenance et le degré des spiritueux.

Les produits reconnus sont pris en charge au compte général de fabrication. Ils sont, en outre, pris en charge au compte de magasins des produits à repasser ou à celui des produits achevés, suivant le cas.

Art. 29. — Aucune quantité de flegmes ou d'alcools à repasser ne peut être introduite dans l'appareil à rectifier sans que la déclaration en ait été faite par le distillateur.

La déclaration doit énoncer : 1° la nature, le volume et le degré des flegmes et des produits à repasser ; 2° le numéro des vaisseaux d'où ces produits doivent être extraits ; 3° La date et l'heure du chargement de l'appareil.

Il est donné décharge, au compte de magasin, des quantités introduites dans l'appareil à rectifier.

ART. 30. — A la fin de chaque journée, les produits de la rectification sont pris en charge pour la quantité d'alcool qu'ils contiennent, au compte de magasin des alcools achevés ou des produits à repasser, suivant le cas.

Lorsque le distillateur veut mettre en futailles des alcools recueillis dans des récipients à demeure, il en fait la déclaration aux employés.

Le poids et la contenance des futailles sont constatés dans les conditions déterminées par les articles 13 et 14 du présent règlement.

ART. 31. — Les résidus de la rectification impropres à un nouveau repassage sont pris en charge, à un compte spécial : 1° pour le volume total ; 2° pour leur degré constaté à l'alcoomètre ; 3° pour la quantité d'alcool correspondant à ce volume et à ce degré ; 4° pour la quantité d'alcool pur qu'ils contiennent réellement.

En cas d'expédition, ces résidus sont accompagnés d'acquits-à-caution reproduisant les indications ci-dessus énumérées, avec la mention : *Résidus de rectification*. Le compte général de fabrication est déchargé de la quantité d'alcool pur réellement contenue dans les produits expédiés, qui sont, en outre, portés en décharge au compte spécial.

Cette quantité est vérifiée dans les laboratoires de la régie, d'après les échantillons que les employés sont autorisés à prélever tant dans les usines qu'en cours de transport et à destination.

Le distillateur n'obtiendra décharge des résidus de rectification expédiés à des entrepositaires de boissons qu'à la condition que ces résidus seront pris en charge, chez les destinataires, dans les mêmes conditions que chez l'expéditeur.

Art. 32. — Il est interdit de prélever aux éprouvettes aucune quantité de flegmes ou d'autres produits, sauf pour les besoins de la dégustation.

Art. 33. — Un registre magasinier est tenu dans toutes les distilleries. Les employés de la régie inscrivent sur ce registre le numéro d'ordre, la tare et le poids brut de chaque futaille, le volume et la force alcoolique des spiritueux.

En cas d'accident nécessitant une transvasation, l'employé de service dans l'usine doit être immédiatement prévenu.

Toute autre transvasation doit être déclarée d'avance (*Conf. Décr. 19 sept. 1879, art.* 22).

Art. 34. — L'administration accorde décharge des mélasses, des liquides fermentés ou des spiritueux dont la perte a été régulièrement constatée par les employés (*Conf. Décr. 19 sept. 1879, art.* 23).

Art. 35. — L'enlèvement des spiritueux de toute nature doit être déclaré aux employés.

Toute déclaration d'enlèvement doit rappeler les indications prescrites par l'article 14, en ce qui concerne le numéro d'ordre, la contenance, la tare et le poids brut de chaque futaille.

Elle doit indiquer, en outre : 1° le degré d'enfoncement de l'alcoomètre et la température à laquelle ce degré est constaté ; 2° le degré alcoolique ramené à la température de quinze degrés centigrades.

Le chargement doit être présenté aux employés. Ces agents doivent être mis à même d'opérer leur vérification pendant le jour.

Les quantités d'alcool contenues dans les produits expédiés sont portées en décharge, tant au compte général de fabrication qu'aux comptes de magasins des produits achevés ou des produits à repasser, suivant le cas (*Conf. Décr. 19 sept. 1879, art.* 24).

Art. 36. — Les employés peuvent arrêter, à toute époque, la situation des comptes de magasin relatifs : 1° aux produits achevés; 2° aux produits à repasser; 3° aux huiles essentielles.

Le distillateur est tenu de faire le plein des tonneaux ou futailles, de manière que le service n'ait à opérer ses vérifications que sur un seul fût en vidange pour chaque espèce de produit.

Si la vérification opérée contradictoirement fait ressortir un excédent, cet excédent est ajouté aux charges. Toutefois, si aucun travail de distillation ou de rectification n'a été effectué depuis la dernière prise en charge au compte de magasin, l'excédent est saisi, conformément à l'article 100 de la loi du 28 avril 1816.

Si la vérification fait ressortir des manquants, ces manquants ne sont admis en décharge que jusqu'à concurrence de la déduction annuelle fixée en exécution de l'article 6 de la loi sus-visée du 20 juillet 1837. La déduction est calculée par campagne annuelle, commençant le 1er octobre et finissant le 30 septembre suivant (*Conf. Décr.* 19 *sept.* 1879, *art.* 25).

Art. 37. — Un inventaire général des produits de la distillation et de la rectification est opéré toutes les fois que les employés le jugent nécessaire. Cet inventaire est fait, autant que possible, lorsque les appareils sont au repos.

Art. 38. — Dans les distilleries qui ne mettent en œuvre que des produits venant du dehors, pris en charge à l'entrée des usines, et dans celles où les flegmes obtenus sur place sont pris en charge au compte général de fabrication à la sortie des bacs jaugeurs (article 16), les quantités d'alcool qui, à la suite de chaque inventaire, constituent un excédent sur la prise en charge, sont saisies, conformément à l'article 100 de la loi du 28 avril 1816.

Les manquants que fait apparaître la balance du compte général de fabrication, après allocation de la déduction acquise aux comptes de magasin, sont immédiatement imposables. Toutefois, l'administration accorde décharge des manquants constatés sur la prise en charge au compte général de fabrication, lorsqu'il est établi qu'ils proviennent de déficits de rendement sur le minimum déclaré, ou de déchets de rectification, et qu'ils ne dépassent pas 5 p. 100 des prises en charge.

Lorsque les distillateurs réclament contre la décision de l'administration, ou lorsque les déficits ou les déchets dépassent 5 p. 100, le ministre statue, après avoir pris l'avis de la section des finances du Conseil d'Etat.

Art. 39. — Dans les distilleries où la prise en charge au compte général de fabrication est opérée suivant le second système défini par l'article 15 du présent règlement, si la balance de ce compte fait ressortir un excédent, cet excédent est ajouté aux charges, conformément aux dispositions du dernier paragraphe de l'article 19.

Si l'inventaire fait ressortir un manquant, ce manquant est soumis à l'impôt ou admis en décharge dans les conditions déterminées par les trois derniers paragraphes de l'article précédent.

153. *Décret du 23 janvier 1901 par application des §§ 2 et 3 de l'art. 9 de la loi du 29 décembre 1900.*

Article premier. — Toute personne qui, en vue de la distillation, prépare des macérations de grains, de matières farineuses ou amylacées, met en fermentation des matières sucrées ou procède à des opérations chimiques ayant pour conséquence directe ou indirecte une production d'alcool, est tenue de faire une déclaration de son industrie à la recette buraliste des contributions indirectes, quinze jours au moins avant le commencement de la première opération de chaque campagne de fabrication.

La campagne s'ouvre le 1er octobre de chaque année et prend fin le 30 septembre suivant.

Art. 2. — Chaque opération de macération de grains, de matières farineuses ou amylacées, ou mise en fermentation de matières sucrées, qui devra être effectuée en vue de la distillation pendant la campagne sera déclarée :

a) Au moins deux heures à l'avance, dans les distilleries régies par le règlement A, du 18 septembre 1879 ;

b) Au moins six heures à l'avance, dans les distilleries régies par le règlement A *bis*, du 19 septembre 1879 ;

c) Au moins douze heures à l'avance partout ailleurs.

ART. 3. — Chaque opération effectuée pendant la campagne, en vue de la production directe ou indirecte de l'alcool par des opérations chimiques, sera déclarée :

a) Au moins deux heures à l'avance dans les distilleries régies par le règlement A, du 18 septembre 1879 ;

b) Au moins vingt-quatre heures à l'avance partout ailleurs.

154. Distilleries agricoles. — *Décret du 19 septembre 1879 portant règlement d'administration publique sur les distilleries agricoles* (*Règlement A bis.*)

ARTICLE PREMIER. — Sont considérées comme distilleries agricoles et soumises aux dispositions du présent règlement les distilleries qui mettent en œuvre des matières autres que des vins, cidres, poirés, lies, marcs et fruits, qui ne reçoivent aucune quantité de spiritueux du dehors et ne produisent que des flegmes expédiés en totalité chez des rectificateurs.

Le règlement du 18 juillet 1878 cessera d'être exécutoire pour les distilleries agricoles à partir du 1er octobre 1879, date à laquelle le présent règlement sera appliqué.

ART. 2.— Les employés de la régie des contributions indirectes sont autorisés à pénétrer dans les distilleries à toute heure du jour et de nuit et à y exercer une surveillance permanente, lorsqu'il existe dans les ateliers des matières en fermentation ou des liquides susceptibles d'être livrés à la distillation (*Conf. Décr. 15 avril 1881, art. 2; Décr. 18 sept. 1879, art. 2*).

ART. 3.— Le distillateur est tenu de mettre à la disposition des employés de service dans l'intérieur de l'usine deux chaises et une table avec tiroir fermant à clef.

Le prix de la location de ces meubles est fixé de gré à gré, ou, à défaut de fixation amiable, réglé par le préfet (*Conf. Décr.* 15 *avril* 1881, *art.* 3; *Décr.* 18 *sept.* 1879, *art.* 2).

ART. 4 — Toute communication intérieure entre les locaux affectés à des opérations de distillation et les bâtiments voisins non occupés par le distillateur, ou ceux dans lesquels l'industriel se livre soit à la fabrication ou au commerce des boissons fermentées autres que les flegmes qu'il obtient sur place, soit à la préparation des liqueurs ou des eaux-de-vie aromatisées, telles que les absinthes ou les similaires d'absinthe, etc., est interdite et doit être supprimée.

Le distillateur est tenu, à partir du jour où il en est requis par l'administration, d'intercepter les communications interdites par une construction en maçonnerie (*Conf. Décr.* 15 *avril* 1881, *art.* 4.)

ART. 5 — La capacité des chaudières, des alambics, des citernes et des vaisseaux déclarés conformément aux articles 117, 118 et 140 de la loi du 28 avril 1816, est vérifiée par le jaugeage métrique, et au besoin par empotement.

Chaque chaudière, alambic, citerne, vaisseau et récipient quelconque reçoit un numéro d'ordre avec l'indication de sa contenance en litres. — Les numéros et l'indication de la contenance sont peints à l'huile, en caractères ayant au moins 5 centimètres de hauteur, par les soins et aux frais du déclarant.

ART. 6. — Les distillateurs sont tenus de fournir les ouvriers et les ustensiles nécessaires tant pour le jaugeage des vaisseaux et récipients, que pour le pesage et le mesurage des mélasses et des produits de toute nature, lors des exercices, des recensements, des inventaires et de la vérification des chargements au départ ou à l'arrivée. (*Conf. Décr.* 15 *avril* 1881, *art.* 6.).

Art. 7. — A la sortie des appareils à distiller, les flegmes sont dirigés dans un ou plusieurs récipients d'où ils ne peuvent être extraits qu'avec la coopération du service de la régie, sauf dans le cas prévu à l'article 21.

Ces récipients ou *bacs jaugeurs* doivent être isolés et reposer sur des supports à jour. Ils sont fermés et munis de deux échelles graduées par hectolitres, ou, si les dimensions du récipient permettent que l'espace d'une division à l'autre soit de trois millimètres au moins, par décalitres ou litres. Ces échelles sont fixées sur les points désignés par les employés. Elles peuvent être remplacées par une jauge métallique graduée, sur l'une de ses faces, comme les échelles elles-mêmes, et, sur l'autre face, par centimètres. Deux ouvertures sont ménagées aux points indiqués par les employés pour l'entrée de la jauge.

Les ouvertures des bacs jaugeurs sont closes par des couvercles scellés dans les conditions spécifiées par le cinquième paragraphe du présent article.

Les points de raccord des tuyaux au moyen desquels ces bacs sont reliés entre eux et avec l'appareil à distiller ne peuvent être démontés qu'en présence des employés de la régie. Ces agents fixent sur les rondelles formant raccord un plomb ou un scellé que le distillateur ne peut faire disparaître.

Les robinets adaptés à ces tuyaux et aux bacs jaugeurs, doivent être maintenus fermés soit par un cadenas ou par un plomb, soit par tout autre moyen adopté de concert entre le service et le distillateur.

Les récipients actuellement en usage pour recevoir les flegmes à la sortie des appareils à distiller peuvent être admis à titre de bacs jaugeurs, à la condition qu'ils seront fermés, cadenassés et munis d'échelles ou de jauge, conformément aux prescriptions ci-dessus.

Lorsque les bacs jaugeurs sont vides, le distillateur est tenu de les faire nettoyer, s'il en est requis par les employés afin que ces agents puissent les vérifier à l'intérieur.

L'administration peut exiger que les bacs pleins ou en

vidange soient vidés ou nettoyés toutes les fois que les travaux de distillation sont interrompus pour quarante-huit heures au moins. (*Conf. Déc.* 15 *avril* 1881, *art.* 8.)

ART. 8. — Tout récipient destiné à recevoir les flegmes pris en charge à la sortie des bacs jaugeurs doit être muni d'un indicateur avec tube en verre, disposé de manière à présenter extérieurement le niveau du liquide.

Cet indicateur, dont l'échelle est graduée par centimètres, peut être remplacé par une jauge métallique également graduée par centimètres et qui doit pouvoir être introduite dans le récipient auquel elle se rapporte, dans les conditions déterminées par le deuxième paragraphe de l'article précédent.

ART. 9. — L'éprouvette qui reçoit les flegmes sortant de l'appareil à distiller doit être surmontée d'une toile métallique ou d'un globe de verre fixé de telle sorte qu'aucun prélèvement du liquide ne puisse y être effectué sans la coopération du service.

Toutefois, un robinet dont le modèle doit être approuvé par l'administration peut être installé pour les besoins de la dégustation.

ART. 10. — Toute quantité d'alcool trouvée en dehors des bacs jaugeurs et des récipients autres que ceux dont il est question dans les articles 5 et 8, ou en dehors des futailles inscrites au registre magasinier dont la tenue est prescrite par l'article 22 ci après, est réputée fabriquée en fraude et saisie

ART. 11. — L'administration a la faculté de faire installer à ses frais, dans les conditions qu'elle déterminera, des compteurs destinés à mesurer les quantités de liquide alcoolique qui coulent de chaque appareil à distiller.

ART. 12. — Toute distillerie doit être pourvue, par les soins et aux frais de l'industriel, d'un dépotoir dûment contrôlé par le vérificateur des poids et mesures.

L'échelle de ce dépotoir est graduée par hectolitres dans

sa partie supérieure et par fractions d'un litre chacune dans sa partie inférieure, pour une contenance d'un hectolitre au moins. L'espace d'une division à l'autre ne doit pas être inférieur à trois millimètres. Toutes les indications de cette échelle doivent être facilement lisibles.

L'empotement des futailles est opéré soit préalablement au moyen de l'eau, soit par le versement même de l'alcool au moment de l'emplissage des fûts.

Les dépotoirs actuellement en usage dans les distilleries peuvent être admis, après vérification du service des poids et mesures.

Tous les distillateurs doivent, en outre, mettre à la disposition de la régie une bascule et des poids pour le pesage des alcools et des futailles. — Sont affranchis des prescriptions du présent article les distillateurs qui expédient les produits de leur fabrication dans des récipients ou futailles dont la capacité aura été préalablement déterminée chez le rectificateur destinataire des flegmes et qui se trouvent dans les conditions indiquées à l'article 14. (*Conf. Décr.* 15 *avril* 1881, *art.* 9.)

Art. 13. — Les plombs et les cadenas dont l'usage est prescrit par le présent règlement sont fournis gratuitement par l'administration ; ils sont placés, aux frais des industriels, suivant les indications des employés de la régie.

Ces agents peuvent fixer sur l'entrée de ces cadenas, dont ils conservent les clefs, un scellé qui ne peut être brisé par les distillateurs sous aucun prétexte, sauf dans le cas où les agents ne se seraient pas présentés à l'usine dans les délais prescrits par le premier paragraphe de l'article 21.

Art. 14. — Les tonneaux et futailles quelconques employés pour l'emmagasinement et le transport des flegmes doivent présenter la marque indicative de leur capacité.

Cette indication est peinte ou marquée au feu ou à la rouanne. Elle est reproduite sur une étiquette que les employés fixent sur l'un des fonds de la futaille dès qu'elle a été remplie et pesée. L'étiquette porte en outre les mentions relatives au numéro d'ordre, à la tare (poids à vide) après le plâtrage et au poids brut de la futaille, au volume et à la force alcoolique des spiritueux. Toutes ces indications sont reproduites sur les titres de mouvement. L'étiquette est signée par les employés. Il est interdit au distillateur de la faire disparaître.

Les opérations relatives à la pesée de la futaille, à son remplissage avec de l'alcool et à la constatation du poids brut doivent se suivre sans interruption.

Art. 15.— Les déclarations prescrites par les articles 117 et 140 de la loi du 28 avril 1816, relativement à la profession de distillateur et à la contenance des vaisseaux en usage dans les distilleries, doivent être faites à la recette buraliste, quinze jours au moins avant le commencement des travaux de distillation.— Les autres déclarations prescrites par le présent règlement sont également reçues à la recette buraliste. — Elles doivent y être faites six heures au moins d'avance.

Les dispositions qui précèdent ne s'appliquent pas aux déclarations que les distillateurs doivent faire aux employés en exécution du dernier paragraphe de l'article 17 ci-après, quand ils ne tiennent pas eux-mêmes le registre de fermentation.

Art. 16. — Toute introduction de mélasse doit être justifiée par la représentation d'un acquit-à-caution.

Les quantités introduites sont vérifiées par les employés, qui les prennent en charge, à un compte spécial, d'après le poids reconnu à l'arrivée. — Ce compte est successivement déchargé des quantités mises en fermentation ou expédiées en nature sous acquit-à-caution.

Les employés peuvent arrêter la situation des restes et opérer la balance du compte aussi souvent qu'ils le jugent nécessaire.

Les excédents que fait ressortir cette balance sont ajoutés aux charges. Les manquants qu'elle fait apparaître sont portés en sortie.

Sur justifications suffisantes, l'administration affranchit des droits dont ils sont passibles les sucres que représentent les manquants. (*Conf. Décr.* 15 *avril* 1881, *art.* 14.)

Art. 17.—Quinze jours au moins avant le commencement de chaque campagne, les distillateurs doivent faire à la recette buraliste une déclaration générale du nombre de jours de travail et du rendement d'alcool au minimum par hectolitre de liquide fermenté qui sera soumis à la distillation, ainsi que de l'heure à partir de laquelle commencera et cessera chaque jour le chauffage des appareils à distiller, quand le travail ne devra pas être continu.

Les déclarations modificatives du minimum de rendement et du temps pendant lequel la distillerie fonctionne chaque jour sont également faites, quand il y a lieu, à la recette buraliste.

Les déclarations prescrites par le présent article sont complétées par les indications du registre de mise en fermentation spécifiées à l'article suivant.

Ce registre doit être tenu par les distillateurs, à moins qu'ils ne fassent aux employés chargés de l'exercice de leurs usines les déclarations nécessaires pour le remplir. (*Conf. Décr.* 25 *avril* 1881, *art.* 15.)

Art. 18. — Le registre de mise en fermentation doit présenter, sans interruption ni lacune, et sans rature ni surcharge :

1° A l'instant même où le jus et les matières commencent à être versés dans la cuve : — le numéro et la contenance de cette cuve : — la date et l'heure du commencement de l'opération ;

2° A la fin du chargement de chaque cuve : — l'heure à laquelle le chargement est terminé ; — Le poids des mélasses ; — le volume des jus et des matières macérées ;

3° Quand la fermentation est terminée : — la date et l'heure auxquelles la fermentation a cessé ;

4° A mesure que le contenu de chaque cuve de fermentation est mis en distillation : — la date et l'heure auxquelles on commence à extraire le liquide fermenté ; — l'heure à laquelle l'extraction a cessé et, le cas échéant, la quantité de liquide réservée pour un nouveau chargement.

Ce registre est fourni gratuitement par l'administration. Il doit être représenté à toute réquisition des employés, quand il est tenu par les distillateurs eux-mêmes. (*Conf. Décr. 15 avril 1881, art. 16.*).

Art. 19. — Les employés sont autorisés à constater la densité des jus et des matières macérées avant et après fermentation, et à prélever, quand ils le jugent nécessaire, des échantillons sur les liquides fermentés destinés à la distillation.

Art. 20. — Il est interdit d'introduire dans les flegmes, avant que la vérification et la prise en charge en aient été opérées par le service, aucune quantité de matières susceptibles d'en abaisser le degré alcoolique, à moins que le distillateur ne fournisse préalablement à l'administration les moyens de constater l'influence de ces matières sur le degré.

Art. 21. — Les employés doivent faire, dans chaque usine en activité, une visite quotidienne au moins, entre six heures du matin et neuf heures du soir.

Les flegmes contenus dans les bacs jaugeurs ne peuvent être extraits qu'en présence des agents, si ce n'est dans le cas où ces agents ne se seraient pas conformés à l'obligation qui précède.

Lorsque ce cas peut être prévu, les employés remettent à l'avance au distillateur les clefs des cadenas dont il est question à l'article 13 et des scellés pour être replacés sur ces cadenas.

Après l'extraction totale ou partielle des flegmes opérée sans discontinuité, le distillateur referme les bacs jaugeurs comme les employés l'auraient fait, conformément au dernier paragraphe de l'article 13.

A la première visite des employés, le distillateur leur fait connaître la quantité d'alcool qu'il a extraite des bacs.

A chaque visite, les flegmes extraits des bacs jaugeurs sont pris en charge au compte général de fabrication, pour la quantité d'alcool qu'ils contiennent.

Après chaque interruption des travaux de la distillation et avant chaque inventaire effectué en vertu de l'article 25, si les quantités d'alcool successivement prises en charge sont inférieures au rendement minimum déclaré par le distillateur, une prise en charge complémentaire est effectuée au compte de fabrication. (*Conf. Décr. 15 avril* 1881, *art.* 22.)

ART. 12. — Un registre magasinier est tenu dans toutes les distilleries où l'administration le juge utile.

Les employés de la régie inscrivent sur ce registre le numéro d'ordre, la tare et le poids brut de chaque futaille, le volume et la force alcoolique des spiritueux.

Toute transvasation faite en dehors de la présence des employés, doit être préalablement inscrite par le distillateur sur un registre que l'administration lui remet gratuitement à cet effet, et qui doit être représenté aux employés à toute réquisition.

ART. 13. — L'administration accorde décharge des mélasses, des liquides fermentés ou des spiritueux dont la perte a été régulièrement constatée dans un procès-verbal dressé par les employés lors de leur plus prochaine visite. (*Conf. Décr* 15 *avril* 1881, *art.* 17.)

ART. 14. — L'enlèvement des flegmes doit être déclaré conformément aux dispositions du second paragraphe de l'article 15 ci-dessus.

Toute déclaration d'enlèvement doit rappeler les indications prescrites par l'article 14 en ce qui concerne le numéro d'ordre, la contenance, la tare et le poids brut de chaque futaille.

Lorsque les employés sont présents dans la distillerie à l'heure fixée pour l'enlèvement, le chargement doit être présenté à leur vérification. Ils doivent être mis à même d'opérer leur vérification pendant le jour.

Les quantités d'alcool contenues dans les flegmes expédiés sont portées en décharge au compte de fabrication.

Art. 15. — Les employés peuvent arrêter, à toute époque, la situation du compte de fabrication.

Le distillateur est tenu de faire le plein des tonneaux ou futailles, de manière que le service n'ait à opérer ses vérifications que sur un seul fût en vidange pour chaque espèce de produits.

Si la vérification fait ressortir un excédent, cet excédent est saisi, conformément à l'article 100 de la loi du 28 avril 1816; si elle fait ressortir des manquants, ces manquants ne sont affranchis des droits que jusqu'à concurrence de la déduction annuelle fixée en exécution de l'article 6 de la loi du 20 juillet 1837. La déduction est calculée par campagne annuelle, commençant le 1er octobre et finissant le 30 septembre suivant.

Toutefois, en cas de prise en charge complémentaire au compte de fabrication, dans les conditions prévues dans le dernier paragraphe de l'article 21, l'administration accorde décharge des manquants non couverts par la déduction, lorsqu'ils ne dépassent pas 5 p. 100 des prises en charge, et qu'il est établi qu'ils proviennent des déficits de rendement sur le minimum déclaré.

Lorsque les distillateurs réclament contre les décisions de l'administration ou lorsque les déficits dépassent 5 p. 100, le ministre statue, après avoir pris l'avis de la section des finances du Conseil d'Etat. (*Conf. Décr.* 15 *avril* 1881, *art.* 28.)

V. Décr. 27 *juin* 1887.

155. Distilleries ambulantes. — *Décret du* 15 *avril* 1881. (Art 33 à 35.)

Art. 33. — Aucun alambic mobile ne peut être mis en circulation, ni stationner sur la voie publique, dans une cour non fermée ou dans un emplacement non clos n'appartenant pas au propriétaire de l'appareil, sans que la déclaration en ait été faite à la recette buraliste quarante-huit heures d'avance, et sans que le conducteur soit muni d'un permis de circulation détaché d'un registre à souche et revêtu du timbre de la régie, conformément aux dispositions de l'article 243 de la loi du 28 avril 1816.

La déclaration et le permis de circulation doivent indiquer la capacité de l'alambic, le jour où commencera et celui où finira la mise en circulation de l'appareil et les communes dans lesquelles il doit être conduit.

Art. 34. — Le permis de circulation n'est valable que pour un mois au plus et pour les communes comprises dans la circonscription de la recette buraliste d'où il émane.

En cas de passage dans une autre circonscription de recette buraliste, il peut être échangé, sans condition de délai, contre un nouveau permis.

Le permis doit être présenté à toute réquisition des employés.

Les déclarations de distillation qui sont faites par les distillateurs ambulants ne sont reçues que sur la représentation du permis de circulation.

Art. 35. — Le distillateur ambulant qui exerce son industrie au domicile d'autrui est tenu seulement de remplir les formalités prescrites par l'article 33 et par les trois premiers paragraphes de l'article 34.

Le propriétaire ou le locataire des locaux dans lesquels s'opèrent les travaux de distillation doit se conformer à toutes les dispositions du présent règlement, à moins qu'il ne puisse réclamer le bénéfice de la (loi du 14-17 décembre 1875, aujourd'hui loi du 29 décembre 1900) relative aux bouilleurs de cru.

156. Ces dispositions doivent être complétées par les prescriptions de l'article 11 de la loi du 29 décembre 1900 :

« Tout loueur d'alambic ambulant est tenu, indépendamment des obligations qui lui sont imposées par le règlement du 15 avril 1881 (*voir ci-dessus aux Distilleries ordinaires*), de consigner sur un cahier-journal, dont la

remise lui sera faite par la régie, le jour l'heure et le lieu
où commence et s'achève chacune de ses distillations, les
quantités et espèces de matières mises en œuvre par lui,
et leurs produits à la fin de chaque journée.

» Ce carnet doit être présenté à toute réquisition des employés.

» En cas de non-accomplissement des dispositions qui
précèdent, le carnet de distillateur cessera de produire ses
effets, et le loueur ne pourra en obtenir un nouveau avant
un délai de six mois, et d'un an en cas de récidive. »

(*Voir ci-dessus,* n° 150, *les autres obligations des distillateurs ambulants*).

157. Les contraventions relevées de ce chef contre
lui donneront lieu à une élévation de peine, l'amende sera
de 500 à 5.000 francs, les appareils seront confisqués dit
l'article 14, 52, de la nouvelle loi, et de plus, il subira la
prohibition temporaire de profession de l'article 11.

Cet article 14 de la loi du 28 décembre 1900 parle collec-
tivement des contraventions aux articles 9, 10, 11 et 12
et ajoute : « Indépendamment des appareils et boissons
saisis et du remboursement des droits fraudés. En cas de
récidive, l'amende sera portée au double ».

Cette disposition a besoin d'être fractionnée en ce qui
touche le loueur d'alambic, distillateur ambulant, pour ne
lui appliquer, en cas de contravention aux dispositions de
l'article 11, que l'amende, la confiscation des appareils et
le retrait temporaire du carnet et de la licence. La faute
lui étant exclusivement personnelle, ce serait en faire porter
la responsabilité au propriétaire des boissons distillées que
de prononcer la confiscation de ces dernières avec obligation de payer immédiatement les droits sur l'alcool.
Aucun texte n'oblige le locataire d'alambic ambulant à
surveiller, chez le loueur, l'exécution des obligations légales
qui incombent au distillateur ambulant.

Il en serait autrement s'il était établi, en fait, que le locataire de l'alambic a facilité la fraude ou procuré sciemment

les moyens de la commettre. Les boissons distillées seraient saisies et les droits exigibles (article 14, § 4, même loi).

158. Le distillateur ambulant n'est point limité, comme le bouilleur de cru, quant à la nature et à la capacité des appareils qu'il peut posséder.

Mais le brûleur ambulant se trouve en face des dispositions répressives de l'article 14, § 4 de la nouvelle loi, qui applique les peines édictées à toutes les personnes convaincues d'avoir facilité la fraude ou procuré sciemment les moyens de la commettre. De telle sorte que le distillateur ambulant doit refuser son concours à tout locataire de son appareil et de ses services dont il connaîtrait la situation illégale au point de vue de la distillation en franchise.

159. Ainsi en serait-il vis-à-vis d'un propriétaire récoltant qui, dans le rayon prohibé de l'article 20 du décret du 20 mars 1852, exercerait, par lui-même ou par ses associés, la profession de débitant ou de marchand en gros de boissons, si cette situation était connue du distillateur ambulant.

Il devrait refuser son concours au propriétaire-récoltant qui voudrait utiliser l'appareil ambulant continu, la loi en interdisant l'usage au bouilleur de cru (loi de décembre 1900, article 10, § 2) qui n'aurait pas rempli les formalités imposées aux bouilleurs de profession.

Il ne pourrait, surtout chez un récoltant, distiller des vins de raisins secs, de figues ou autres vins artificiels, non plus que des prunelles ou des mûres et des matières fermentées autres que celles qui rentrent dans la définition de la loi de 1875, ci-dessus ramenée. Le concours frauduleux, la connaissance de la fraude facilitée, ne pourraient, dans ce cas, être efficacement discutée par lui.

160. L'ambulant doit, au surplus, se conformer aux prescriptions particulières qui le régissent personnellement, en vertu des articles 33 et suivants du décret de 1881, ci-dessus rapporté.

Voici, au surplus, les mesures organisées par la circulaire de 1900 en ce qui le concerne :

« Pour assurer l'application de la sanction inscrite dans l'article 11, il sera établi, dans chaque département, un tableau présentant les noms, prénoms, domiciles des loueurs déchus du droit de se faire délivrer des permis de circulation, avec l'indication de la durée de la déchéance. Ce tableau, qui devra être constamment tenu à jour, sera déposé dans chaque direction, sous-direction, contrôle, recette et poste, ainsi que dans toutes les recettes buralistes du département. Les directeurs devront signaler les interdictions prononcées dans leur circonscription à leurs collègues des départements dans lesquels les loueurs temporairement privés de permis de circulation pourraient tenter de s'en faire délivrer ».

§ 3. — Production de l'alcool sans distillation

161. Aux termes de l'article 9, § 2, de la loi de décembre 1900, il est interdit, sans déclaration préalable, à toute personne, de préparer des macérations, ou de mettre en fermentation des matières autres que les vins, cidres, poirés, cerises et prunes, sans une déclaration préalable au bureau de la régie, et ce dans le but de prévenir les distillations clandestines de grains, mélasses, betteraves, fécules et autres substances analogues.

Il est, en outre, interdit de procéder à aucune opération chimique ayant pour conséquence directe ou indirecte une production d'alcool, sans une déclaration préalable.

Avec les progrès de la science — contre les résultats desquels aucun texte n'avait prémuni le fisc — on peut prévoir le moment où l'on aura découvert la production économique de l'alcool, par la synthèse chimique et la combinaison des corps qui sont à la disposition de tous dans la nature, sans intervention d'appareils de distillation. « Cette disposition, dit la circulaire de la Régie du 29 décembre 1900, permettra d'atteindre la production de l'alcool au moyen de procédés chimiques. On a voulu viser ici la fabrication où plutôt la synthèse de l'alcool par l'acétylène, l'éthylène, etc. Ces procédés chimiques comportent la préparation de produits intermédiaires très voisins de l'alcool, acide sulfovinique, sulfovinates, etc., qui renferment de l'alcool à l'état latent et sont susceptibles de le dégager par des moyens simples, ne mettant en œuvre que des matières usuelles (eaux, chaux, soude), et ne nécessitant pas l'emploi de moyens compliqués, confinés jusqu'à présent dans les expériences de laboratoires. Tant que cette production ne sortira pas du domaine scientifique, le service de la régie n'aura pas à intervenir, mais seulement le jour où ces procédés seraient industriellement exploités.

Sur ce point particulier, la loi confie à des règlements d'administration publique le soin de déterminer le délai dans lequel les préparations destinées à ces synthèses devront faire l'objet d'une déclaration.

Cette réglementation a été faite par le décret du 23 janvier 1901 (*Voir ci-dessus, n° 153*).

162. Le résultat le plus net de la législation nouvelle sera de concentrer et monopoliser aux mains des distillateurs ou bouilleurs de profession une branche accessoire, mais très importante, de l'industrie viticole dont les opérations, reportées à la morte saison, occupaient les journées d'hiver et d'inactivité du personnel agricole; de supprimer le vinage clandestin — le seul applicable — l'alimentation frauduleuse des débits et magasins de gros où se trouvent des manquants à couvrir, et surtout de porter à la connaissance de la régie les existences et les quantités en alcool, de façon à en surveiller utilement la circulation et le déplacement et assurer ou garantir la perception de l'impôt aux lieux même de fabrication.

C'est un acheminement vers la monopolisation de la vente ou de la fabrication par l'Etat.

§ 4. — L'ALCOOL DÉNATURÉ.

163. L'alcool dénaturé a trouvé place dans la nouvelle loi, qui a supprimé les impôts qui le grevaient précédemment variant de 30 fr à 3 fr. par hecto, pour ne les frapper que d'un droit de statistique de 0 fr. 25 par hecto.

« Art 15. — La taxe de dénaturation de 3 fr. par hecto-
» litre d'alcool pur, établie par la loi du 16 décembre 1897,
» est supprimée. Elle est remplacée par un droit de statis-
» tique de 25 centimes ».

164. La consommation de l'alcool dénaturé est appelée à prendre un grand développement dans le chauffage et l'éclairage domestique et comme moteur de machines ; peut-être remplacera-t-il avant peu le pétrole, produit étranger, qui mobilise et fait sortir du pays, tous les ans, des sommes très importantes. La loi ne pouvait le frapper du droit de consommation sous peine de le rendre inutili-sable, et de condamner plusieurs branches de l'industrie à l'abandonner.

La loi du 2 août 1872, article 4, fournit une définition des alcools dénaturés en les affranchissant, après dénatura-tion, de toute entrave à la circulation et du droit de consommation. « Les alcools dénaturés de manière à ne pouvoir être consommés comme boissons seront sou-mis... »

La loi du 16 décembre 1897 et le décret du 1er juin 1898 ont organisé les mesures à prendre pour la dénaturation de façon à ce que le dénaturateur d'alcool puisse bénéficier de la franchise, et établi les pénalités qui frappent les ten-tatives de revivification. Ces textes sont très complets, il suffit de s'y reporter.

Loi du 16 décembre 1897

ARTICLE PREMIER. — A partir du 1er janvier qui suivra la promulgation de la présente loi, les tarifs d'octroi sur l'alcool dénaturé seront ramenés de plein droit dans les limites fixées par l'article 4 de la loi du 2 août 1872.

ART. 2. — Le bénéfice de la taxe de dénaturation n'est acquis qu'aux alcools dénaturés soit dans l'établissement même où ils ont été produits, soit dans tout autre établissement dont les installations en vue de la dénaturation auront été agréés par l'administration. — Le règlement d'administration publique prévu à l'article 6 déterminera les conditions de la surveillance à laquelle ces divers établissements seront soumis. — Les alcools qui y seront expédiés pour y être dénaturés seront placés sous le plomb de la régie.

ART. 3. — La dénaturation a lieu sous la surveillance du service des contributions indirectes. — La quantité minima sur laquelle devra porter chaque opération sera déterminée pour chaque industrie par le règlement rendu pour l'exécution de la présente loi. — Les dénaturants sont fournis par l'Etat; des décisions du ministre des finances déterminent le procédé général de dénaturation et fixe le prix de vente des dénaturants dans la limite du prix de revient, augmenté des frais de manipulation et de transport. — Toutefois, lorsque la nature de l'industrie ne permettra pas l'emploi de l'alcool dénaturé par la formule générale, des décisions du ministre, rendues sur l'avis du comité consultatif des arts et manufactures, détermineront des formules spéciales de dénaturation et dispenseront de l'obligation de se servir des dénaturants fourni par l'Etat. (V. Décr. 1er juin 1898, art. 10.)

ART. 4. — Le bénéfice du tarif réduit établi par l'article 1er n'est acquis que sous les conditions ci-après : — 1° les industriels qui dénaturent l'alcool et les commerçants qui vendent l'alcool dénaturé doivent être pourvus d'une autorisation personnelle donnée par la régie, cette autorisation est renouvelable annuellement et peut toujours être révoquée ; — 2° ils sont tenus d'inscrire leurs opérations ainsi que leurs réceptions et livraisons, au moment même où ils y procèdent, sur un livre qui reste à la disposition du service ; les employés supérieurs, ont, en outre, le droit d'examiner leurs livres de commerce. — Dans les industries où, au cours des manipulations, l'alcool disparaît ou est transformé, les intéressés peuvent être affranchis des obligations mentionnées au deuxième paragraphe, moyennant l'engagement de supporter les frais d'une surveillance dont l'organisation sera déterminée par le règlement prévu à l'article 6. — Les quantités d'alcool dénaturé que les marchands en gros et en détail peuvent recevoir, détenir ou livrer seront déterminées par le même règlement.

Art. 5 — Sont assimilés, au point de vue fiscal, à l'alcool éthylique les alcools méthyliques ou autres susceptibles d'être consommés comme boissons en nature ou après mélange. Le comité consultatif des arts et manufactures déterminera ceux de ces produits qui, par leur degré d'impureté ou leurs caractères spécifiques, devront être considérés comme impropres à la consommation et exempts de frais d'exercice et de dénaturation. — Un décret déterminera les conditions dans lesquelles l'alcool méthylique, susceptible d'être consommé comme boisson, pourra être employé dans l'industrie sans être soumis au payement d'aucuns frais d'exercice et de dénaturation. — Tout mélange de l'alcool méthylique à l'alcool éthylique dans les boissons est interdit.

Art. 6. — Un règlement d'administration publique déterminera les conditions particulières auxquelles sera soumis l'emploi de l'alcool dénaturé dans chaque industrie et toutes les mesures d'application de présente loi.

Art. 11. — Toute revivification ou tentative de revivification d'alcools dénaturés, toute manœuvre ayant pour objet soit de détourner des alcools dénaturés ou présentés à la dénaturation, soit de faire accepter à la dénaturation des alcools déjà dénaturés, toute vente ou détention de spiritueux dans la préparation desquels sont entrés des alcools dénaturés ou des mélanges d'alcools éthylique et méthylique, sont punies d'un emprisonnement de six jours à six mois et d'une amende de cinq mille à dix mille francs (5.000 à 10.000 francs.)

Les autres contraventions aux dispositions de la présente loi ou du décret rendu pour son exécution sont punies d'une amende de cinq cents à cinq mille francs (500 à 5.000 fr.). — Le tout sans préjudice du remboursement des droits fraudés et de la confiscation des appareils et liquides saisis. — En cas de récidive, l'amende sera doublée

Les mêmes peines sont applicables à toute personne convaincue d'avoir facilité la fraude ou procuré sciemment les moyens de la commettre.

Les pénalités édictées par les articles 11 et 12 de la loi du 21 juin 1873, soit contre les auteurs principaux, soit contre les complices, sont applicables aux fraudes commises dans les distilleries à l'aide de souterrains ou tout autre moyen d'adduction ou de transport dissimulé de l'alcool.

Décret du 1er juin 1898

Titre 1er. — De la dénaturation et de l'emploi des alcools destinés aux usages industriels

Article premier. — Toute personne qui se propose de dénaturer des alcools ou de faire emploi, dans son industrie, d'alcool dénaturé doit adresser une demande au directeur départemental des contributions indirectes. — Les fabricants de produi's à base d'alcool dénaturé doivent indiquer dans leur demande la nature, l'espèce, la qualité des produits qu'ils fabriquent et les usages auxquels ces produits sont destinés. Ils doivent produire, en outre, une patente valable pour l'exercice de l'industrie aux besoins de laquelle l'alcool doit être employé.

Art. 2. — Les dénaturateurs doivent joindre à leur demande un plan intérieur, avec légende, de toutes les parties de leur établissement. Ce plan, établi en double expédition, présente pour l'ensemble des ateliers l'emplacement des cuves ou autres récipients établis à demeure et, le cas échéant, l'emplacement de tous les appareils de distillation ou de rectification, avec l'indication des numéros d'ordre des appareils ou récipients. — Les changements ultérieurs seront déclarés à l'avance; ils donneront lieu à la production d'un plan rectificatif.

Art. 3. — A Paris, les dénaturations sont faites dans les entrepôts réels.

Art. 4. — Dans les distilleries, les locaux où s'opèrent les dénaturations, ainsi que les magasins où sont placés les alcools dénaturés et les produits fabriqués avec ces alcools, doivent être complètement séparés des locaux contenant les appareils de distillation ou de rectification et de ceux où se trouvent des alcools non dénaturés. — Dans les établissements autres que les distilleries, les ateliers où s'opèrent les dénaturations ainsi que les magasins où sont placés les alcools dénaturés et les produits fabriqués avec ces alcools ne peuvent avoir de communication que par la voie publique avec les locaux contenant des alambics ou avec ceux où se trouvent des alcools non dénaturés destinés à la vente en gros ou en détail. — Toutefois, si la nature des fabrications industrielles exige absolument l'emploi d'appareils de distillation ou de rectification, l'administration des contributions indirectes peut autoriser, aux conditions qu'elle détermine, l'installation de ces appareils dans les locaux affectés à la dénaturation où à l'emmagasinement des alcools dénaturés.

Art. 5. — Les cuves dans lesquelles s'opère le mélange de l'alcool avec les substances dénaturantes doivent être isolées, bien éclairées et reposer sur des supports à jour. Les supports auront une hauteur de 1 mètre au moins au-dessus du sol, et il existera tout autour des cuves un espace libre d'au moins 60 centimètres — Chacun de ces récipients sera muni de deux indicateurs à niveau, avec tube en verre et curseur, gradués par hectolitres et par décalitres, et fixés sur les points désignés par le service. Leur couvercle devra être mobile dans toutes ses parties et disposé de manière à pouvoir être entièrement enlevé lors des opérations.

— Les industriels doivent, pour l'agencement de leurs ateliers et magasins, ainsi que du local et des bacs affectés au dépôt des dénaturants, se conformer aux conditions particulières que l'administration jugerait utiles, et spécialement prendre à leurs frais les dispositions nécessaires pour que le service puisse apposer des cadenas ou des plombs aux endroits qu'il indiquera. — Les employés peuvent fixer un scellé sur l'entrée des cadenas dont ils conserveront les clefs. — Les appareils et récipients reçoivent un numéro d'ordre qui est gravé ou peint sur chacun d'eux avec l'indication de sa contenance, en caractères d'au moins 5 centimètres de hauteur, par les soins et aux frais de l'industriel. — Il ne pourra être procédé à des opérations de dénaturation, avec le bénéfice de la modération de taxe, que lorsque les installations ou les modifications auront été agréées par l'administration des contributions indirectes.

Art. 6. — Pour les établissements actuellement existants, le plan exigé par l'article 2 devra être fourni dans un délai de trois mois à dater de la mise en vigueur du présent règlement. — Les aménagemets prescrits par les articles 4 et 5 devront être réalisés dans le même délai.

Art. 7. — Les distillateurs restent soumis, dans leurs ateliers de dénaturation, aux prescriptions des règlements sur les distilleries qui ne sont pas contraires à celles du présent règlement. — Sauf les dispositions particulières contenues dans les articles 4, 5 et 6 du présent règlement, les autres industriels sont, au point de vue de l'épalement des vaisseaux, du logement, du pesage et du mesurage des produits, de l'agencement des bacs, récipients et tuyaux adducteurs d'alcool, assujettis aux obligations des distillateurs de profession.

Art. 8 — Des décisions du ministre des finances, rendues sur l'avis du comité consultatif des arts et manufactures, déterminent les conditions que doivent remplir les alcools présentés à la dénaturation.

Art. 9. — Les dénaturateurs d'alcool doivent, au cours du dernier trimestre de chaque année, faire une commande générale de dénaturants pour l'année suivante et indiquer les époques auxquelles le livraisons devront être effectuées. — Ils seront admis, au cours de l'année, à modifier la commande générale. — Le prix des dénaturants fournis par l'État est payable après chaque opération de dénaturation, en numéraire ou en obligations cautionnées, dans les conditions déterminées par la loi du 15 février 1875.

Dans chaque usine, un local parfaitement clos et aménagé, avec les bacs et tous les ustensiles nécessaires, est affecté gratuitement au dépôt des dénaturants. L'entretien des bacs et ustensiles est à la charge de l'industriel.

Art. 10. — Les fabricants de produits à base d'alcool qui désirent être admis à employer des formules spéciales de dénaturation, conformément au quatrième paragraphe de l'article 3 de la loi du 16 décembre 1897, font connaître dans la demande à produire en vertu de l'article 1er les indications supplémentaires suivantes : — 1° le mode d'emploi de l'alcool et les procédés proposés pour sa dénaturation; — 2° la quotité d'alcool nécessaire à la fabrication des produits. — Lorsque le procédé de dénaturation a déjà été autorisé pour cette industrie, l'administration des contributions indirectes statue sur la demande. S'il s'agit d'un procédé nouveau, le ministre détermine, sur l'avis du comité consultatif des arts et manufactures, les conditions auxquelles la dénaturation devra être opérée. — Les substances dénaturantes, employées dans les procédés spéciaux de dénaturation, pour lesquelles des types ont été déterminés par le comité consultatif des arts et manufactures doivent être conformes à ces types. Elles sont vérifiées par l'administration d'après les échantillons prelevés, à titre gratuit, par les agents.

Art. 11. — Chaque opération de dénaturation est précédée d'une déclaration. — Dans les distilleries soumises à une surveillance permanente, cette déclaration est faite aux agents préposés à la surveillance de l'usine. — Pour les autres établissements, elle est faite à la recette buraliste désignée par les agents des contributions indirectes, qui font connaître au déclarant le jour et l'heure auxquels ils peuvent assister aux opérations. Le délai dans lequel les agents devront se présenter est fixé à deux jours pour les localités où il existe un poste d'employés, et à quatre jours pour celles où il n'en existe pas. — Aucune dénaturation ne peut être faite hors la présence du service.

Art. 12 — Les déclarations de dénaturation que les industriels autorisés à dénaturer par les procédés spéciaux ont à faire en vertu de l'article précédent doivent mentionner pour chaque opération : 1° l'espèce, la quantité et le degré des spiritueux à dénaturer ; 2° l'espèce et la quantité des substances dénaturantes à employer ; 3° la nature des produits à fabriquer.

Art 13. — La quantité minimum sur laquelle doit porter chaque opération de dénaturation par le procédé général est fixée à 20 hectolitres en volume. — Dans les industries qui comportent l'emploi de procédés spéciaux, la quantité minimum sur laquelle doit porter chaque opération de dénaturation est fixée à 10 hectolitres en volume. — Des fixations particulières peuvent être autorisées par décrets rendus en Conseil d'État.

Art. 14. — Les distillateurs ne peuvent introduire des alcools dans les ateliers de dénaturation qu'au moment même où l'opération de dénaturation doit s'effectuer. Le transport de ces alcools de la distillerie aux ateliers de dénaturation a lieu en présence du service.

Art. 15. — Les dénaturateurs ne doivent conserver dans les locaux affectés à la dénaturation que de l'alcool destiné à être mélangé avec les substances dénaturantes ou de l'alcool dénaturé. — En outre, les dénaturateurs ne peuvent, sans une autorisation spéciale donnée à l'avance par le service des contributions indirectes, faire ou laisser sortir des locaux affectés à la dénaturation des alcools aucune quantité d'alcool non dénaturé. — Cette dernière obligation est également imposée aux dénaturateurs et fabricants de produits à base d'alcool dénaturé en ce qui concerne les alcools placés dans les locaux affectés à l'emmagasinement des alcools dénaturés. — Il est interdit aux uns et aux autres de détenir de l'alcool dénaturé en dehors des locaux déclarés.

Art. 16. — Les alcools reçus avant ou après dénaturation par les fabricants de produits à base d'alcool dénaturé et par les préparateurs d'alcool de chauffage, d'éclairage et d'éclaicissage, doivent être conservés dans les fûts d'origine jusqu'à la vérification du service. — Après cette vérification, ils peuvent être transvasés dans des bacs préalablement épalés et munis d'indicateurs gradués et disposés conformément aux prescriptions du deuxième paragraphe de l'article 5.

Art. 17. — Les préparateurs d'alcools de chauffage, d'éclairage et d'éclaircissage et les fabricants des produits à base d'alcool dénaturé peuvent recevoir des alcools simplement additionnés de la principale substance dénaturante, à charge de leur faire subir le complément de dénaturation aussitôt après la reconnaissance du service et en sa présence.

Art. 18. — Les alcools dénaturés reçus ou préparés par les fabricants de produits industriels doivent être employés dans leur établissement même ou être transformés sur place en produits achevés, industriels et marchands, reconnus tels à dire d'experts, en cas de contestation entre le fabricant et l'administration. — En ce qui concerne les vernis, une décision du ministre, rendue sur avis du comité des manufactures, déterminera la proportion minimum de résine ou de gomme-résine qu'ils devront contenir pour être considérés comme produits achevés. — Les produits fabriqués doivent être exactement de l'espèce de ceux pour lesquels l'autorisation d'employer l'alcool avec modération de taxe a été accordée.

Art. 19. — Les quantités d'alcool dénaturé mises en œuvre qui n'auraient pas disparu ou qui ne seraient pas transformées au cours des manipulations peuvent être régénérées et utilisées à nouveau après avoir subi, s'il y a lieu, une nouvelle dénaturation, mais elles ne sont pas soumises à une nouvelle taxe. — A cet effet, les quantités recueillies sont mises à part et représentées aux employés des contributions indirectes. — La régénération et, s'il y a lieu, la nouvelle dénaturation des quantités régénérées doivent être précédées de déclarations. Ces déclarations sont faites à la recette buraliste désignée par le service et dans les conditions déterminées par les articles 11 et 14 ci-dessus.

ART. 20. — Les dénaturateurs et fabricants de produits à base d'alcool dénaturé sont tenus de supporter, dans les conditions déterminées pour les distilleries par l'article 235 de la loi du 28 avril 1816, les visites et les vérifications des employés des contributions indirectes dans leur établissement et dans ses dépendances. Ils doivent, dès qu'ils en sont requis, assister aux vérifications ou s'y faire représenter par un délégué, les faciliter, et fournir, à cet effet, la main-d'œuvre et les ustensiles nécessaires. — Ils doivent, en outre, par eux-mêmes ou par leurs délégués, déclarer exactement l'espèce et la quantité des produits restant en magasin, ainsi que la quantité d'alcool que ces produits représentent. — Ils sont aussi tenus de mettre gratuitement à la disposition du service, dans leurs ateliers, deux chaises et une table avec tiroir fermant à clef.

ART. 21. — Chaque fois qu'il le juge convenable, le service des contributions indirectes prélève gratuitement, dans les ateliers ou magasins, des échantillons sur les alcools mis en œuvre, sur les substances dont l'addition pourra être exigée à titre de complément de dénaturation, ainsi que sur les produits fabriqués ou en préparation. Il peut également prélever, lors de l'enlèvement et en cours de transports des échantillons sur les produits expédiés.

ART. 22. — Il est tenu chez les dénaturateurs un compte d'alcools en nature et un compte d'alcools dénaturés. — Le compte des alcools en nature est chargé des quantités régulièrement introduites et déchargé des quantités soumises à la dénaturation. — Le compte des alcools dénaturés est chargé des alcools dénaturés successivement préparés ou reçus de l'extérieur et déchargé des quantités expédiées en vertu de titres de mouvement ou transformées sur place en produits industriels. — Tout excédent à l'un ou l'autre de ces comptes est saisissable. — Les manquants, après allocation de la déduction légale, sont passibles de la taxe générale de consommation et, s'il y a lieu, des droits locaux propres à l'alcool en nature, défalcation faite de la taxe de dénaturation, si elle a été acquittée. — Chez les fabricants de produits à base d'alcool dénaturé qui ne sont pas dénaturateurs, le compte des alcools dénaturés est seul tenu. — Pour les produits qui ne retiennent pas l'alcool ou dans lesquels le service n'a pas le moyen de reconnaître sa présence, les quantités d'alcool réel à porter en décharge sont évaluées d'après une base de conversion convenue entre les fabricants et l'administration des contributions indirectes et, en cas de désaccord, arrêtée par le ministre des finances sur l'avis du comité consultatif des arts et manufactures.

ART. 23. — Les fabricants de produits à base d'alcool dénaturé doivent se munir, à leurs frais, d'un registre conforme au modèle donné par l'administration, sur lequel ils inscrivent sans aucun blanc ni aucune surcharge : 1° les quantités d'alcool dénaturé préparées sur place ou reçues de l'extérieur ; 2° celles mises en œuvre ; 3° l'espèce et la quantité des produits fabriqués, ainsi que la proportion suivant laquelle l'alcool est entré dans la préparation de ces produits. — A la fin de chaque opération, ils inscrivent, s'il y a lieu, sur le même registre les quantités d'alcool qui, n'ayant pas été absorbées par la fabrication, ont été recueillies et qui sont destinées à être régénérées.

Dans les industries où, au cours des manipulations, l'alcool disparaît ou est transformé, les intéressés peuvent s'affranchir de la tenue de ce registre en s'engageant à supporter les frais d'une surveillance permanente pendant la durée de leurs fabrications. — Ces frais seront décomptés par l'administration des contributions indirectes à raison du nombre et de la durée des vacations et du traitement des agents affectés au contrôle des opérations.

Art. 24. — Les préparateurs d'alcool de chauffage, d'éclairage et d'éclaircissage doivent se pourvoir, à leurs frais, d'un registre conforme au modèle donné par l'administration, sur lequel ils inscrivent, sans aucun blanc ni aucune surcharge, au moment même où ils procèdent aux opérations : — 1° la quantité et le degré des spiritueux soumis sur place à la dénaturation ou à un complément de dénaturation, l'espèce des produits fabriqués, le volume des mélanges et la quantité d'alcool réel qu'ils représentent ; — 2° les quantités qu'ils livrent, ainsi que le nom et l'adresse du destinataire ; — 3° les quantités employées dans l'intérieur de l'établissement et la justification de cet emploi.

Art. 25. — Les personnes autorisées à dénaturer l'alcool peuvent réclamer le crédit des droits, à charge de se pourvoir d'une licence de marchand en gros. — Dans ce cas, et si l'alcool dénaturé est employé sur place, l'impôt n'est dû qu'au moment de la mise en œuvre de l'alcool. — Les quantités d'alcool dénaturé correspondant d'après les bases d'évaluation adoptées par le ministre sur avis du comité consultatif des arts et manufactures, aux quantités de produits achevés dont l'exportation est justifiée, sont portées en déduction de celles qui deviennent ultérieurement passibles de la taxe. Les produits doivent être exportés directement, en vertu d'acquits-à-caution garantissant, en cas de non-décharge, le double droit de dénaturation. — Si l'alcool dénaturé n'est pas employé sur place, les droits sont exigibles à l'enlèvement, à moins que l'expédition ne soit faite à un fabricant entrepositaire.

Art 26 — Les industriels qui n'ont pas réclamé le crédit des droits doivent dénaturer les alcools dans un délai de dix jours à partir du moment où ils les ont reçus. Ils payent l'impôt au moment où se fait la dénaturation. — Les droits sur les alcools dénaturés introduits du dehors sont également acquittés dans un délai de dix jours à partir du moment où ces alcools sont parvenus dans l'établissement.

Art. 27. — Que le crédit de l'impôt soit ou non demandé, les intéressés sont tenus de présenter une caution solvable qui s'engage solidairement avec eux à payer les droits ou suppléments de droits constatés à leur charge, ainsi que la valeur des dénaturants fournis par l'Etat.

Art. 28. — Les dénaturateurs ne peuvent livrer d'alcool dénaturé qu'aux personnes autorisées à en faire usage ou commerce et sur une demande extraite du registre à souche dont il sera question à l'article ci-après. — Ils remettent cette demande au service. — Si, après avoir été avisés que l'administration a retiré à une personne l'autorisation de recevoir de l'alcool dénaturé, ils lui en fournissent, cet alcool est soumis au droit général de consommation, alors même qu'ils justifieraient d'une demande en règle.

Art. 29. — Les industriels qui désirent recevoir de l'extérieur des alcools dénaturés ont à se pourvoir, à leurs frais, d'un registre à souche conforme au modèle donné par l'administration, sur lequel ils établissent leurs demandes d'alcools dénaturés. — L'ampliation de chaque demande, visée par le chef de service local des contributions indirectes, est transmise au dénaturateur qui doit effectuer la livraison. — Les alcools dénaturés leur sont expédiés sous le lien d'acquit-à-caution garantissant, en cas de non-décharge, le paiement du double droit de consommation.

Art. 30. — Les alcools de chauffage, d'éclairage et d'éclaircissage expédiés aux marchands en gros, sont admis à circuler sous la marque du fabricant ou du marchand en gros expéditeur. — Les envois faits aux débitants ne peuvent circuler qu'en bidons scellés du plomb du fabricant ou du marchand en gros ou en bouteilles revêtues de capsules estampées à leur nom. — La vente en détail s'effectue dans les bidons ou bouteille d'origine. Le débitant doit les livrer intacts, sous le plomb ou l'estampille du fabricant ou du marchand en gros expéditeur. — Toutefois, les détaillants autres que ceux qui vendent des boissons à consommer sur place peuvent êtres autorisés par l'administration, aux conditions qu'elle déterminera, à mettre en bidons ou bouteilles, sous leur marque particulière, les quantités qu'ils auront reçues en fûts ou autres récipients.

Titre II. — De la vente de l'alcool dénaturé

Art. 31. — En dehors des livraisons faites par les dénaturateurs aux industriels autorisés à employer l'alcool dénaturé pour les besoins de leur industrie, il ne peut être fait commerce que des alcools dits de chauffage, d'éclairage et d'éclaircissage.

Art. 32. — Toute personne qui veut se livrer au commerce soit en gros, soit en détail des alcools de chauffage, d'éclairage et d'éclaircissage, adresse au directeur départemental des contributions indirectes une demande présentant la désignation des locaux où elle se propose d'exercer ce commerce. — Il est interdit aux marchands en gros et aux débitants de détenir ces alcools en dehors des locaux déclarés. — Ils doivent, en tous lieux, justifier des entrées en magasin par la représentation d'acquits-à-caution.

ART. 33. — Toute communication intérieure entre les locaux affectés au commerce en gros ou en détail des alcools de chauffage, d'éclairage et d'éclaircissage, les bâtiments dans lesquels se trouvent des appareils de distillation ou de rectification ou ceux qui sont affectés à la fabrication ou au commerce en gros des boissons est interdite.

ART. 34. — Les marchands en gros ou en détail doivent se pourvoir, à leurs frais, d'un registre à souche conforme au modèle donné par l'administration, sur lequel ils établissent leurs demandes d'alcool de chauffage, d'éclairage et d'éclaircissage — L'ampliation de chaque demande, visée par le chef de service local des contributions indirectes, est transmise au dénaturateur ou au marchand en gros qui doit effectuer la livraison.

ART. 35. — Les marchands en gros et au détail doivent inscrire leurs réceptions et livraisons, sans aucun blanc ni aucune surcharge, sur un registre spécial conforme au modèle donné par l'administration, dont ils ont à se munir à leurs frais. — Les quantités maxima, en volume, d'alcool de chauffage, d'éclairage et d'éclaircissage que les marchands en gros et au détail peuvent recevoir, détenir ou livrer, sont fixées comme suit :

Marchands en gros. — Réceptions : 20 hectolitres par jour ; — Détention : 100 hectolitres ; — Livraisons : 250 litres par jour pour chaque destinataire.

Détaillants. — Réceptions : 250 litres par jour ; Détention : 10 hectolitres ; — Livraisons : 20 litres pour chaque acheteur.

L'administration des contributions indirectes pourra, sur justifications spéciales, autoriser des réceptions, approvisionnements et livraisons dépassant les quantités déterminées par le présent article.

ART. 36. — Les marchands en gros d'alcools de chauffage, d'éclairage et d'éclaircissage sont assujettis à toutes les obligations des marchands en gros de boissons, y compris, s'ils réclament le crédit des droits, les dispositions relatives à la licence. — Les dispositions de l'article 28 du présent règlement leur sont applicables. — Les manquants qui ressortent à leur compte, après allocation de la déduction légale, sont soumis à la taxe de consommation et, s'il y a lieu, aux droits locaux propres à l'alcool non dénaturé, défalcation faite de la taxe de dénaturation, si elle a été acquittée. — Pour l'établissement des inventaires, les marchands en gros doivent dès qu'ils en sont requis, mettre à la disposition de l'administration, des contributions indirectes les instruments de vérification et le personnel nécessaire.

ART. 37. — Les employés des contributions indirectes sont autorisés à prélever, aux fins d'analyse, chez les marchands en gros et les débitants d'alcools de chauffage, d'éclairage et d'éclaircissage, les échantillons qu'ils jugent nécessaires. — Si les produits sont reconnus réunir les éléments prescrits, la valeur des échantillons est remboursée aux intéressés par l'administration. — Des prélèvements peuvent être effectués, dans les mêmes conditions, sur les liquides mis en vente chez les débitants de boissons.

TITRE III. — DISPOSITIONS COMMUNES A LA PRÉPARATION ET A LA VENTE DE L'ALCOOL DÉNATURÉ

ART. 38. — Les dénaturateurs et fabricants de produits à base d'alcool dénaturé entrepositaires auxquels l'autorisation de dénaturer l'alcool ou de faire emploi ou commerce d'alcool dénaturé est retirée par l'administration doivent expédier leurs stocks à d'autres entrepositaires ou payer immédiatement les droits dont le crédit leur avait été accordé. — Ils sont tenus d'écouler, dans le délai qui leur est fixé par l'administration, les quantités qu'ils ont libérées d'impôt.— Cette dernière disposition est applicable aux produits existant chez les fabricants et négociants non entrepositaires, ainsi que chez les débitants.

ART. 39. — Les divers registres dont la tenue est prescrite par le présent règlement sont cotés et parafés par le chef de service local des contributions indirectes.— Ils doivent être arrêtés et représentés à toute réquisition du service par les industriels et commerçants qui en sont dépositaires. — En cas de cessation de la fabrication ou du commerce ou de retrait de l'autorisation par l'administration, les registres de demande d'alcool dénaturé doivent être remis immédiatement au service.

ART. 40. — En vue de l'application de l'article 8 de la loi du 16 décembre 1897, les vaisseaux servant au transport des alcools dénaturés doivent porter, gravés ou peints en caractères d'au moins 3 centimètres de hauteur, les mots : « alcool dénaturé ». Ces mots sont également inscrits sur les étiquettes des bouteilles.— Les alcools dénaturés ou les produits fabriqués avec ces alcools ne peuvent être soumis, en aucun lieu, à aucun coupage, à aucune décantation ou rectification, ni à aucune autre opération ayant pour but de désinfecter ou de revivifier l'alcool. — Ils ne peuvent être ni abaissés de litre, ni additionnés de matières non prévues par les décisions du ministre des finances.

ART. 41. — Sont abrogées toutes les dispositions contraires au présent décret.

§ 5. — DES ESSENCES

165. C'est très incidemment que les essences ont trouvé place dans la loi sur les boissons, et que, dans une réglementation fiscale, on a introduit une disposition qui revêt plutôt un caractère de règlement de police générale destiné à sauvegarder l'hygiène publique.

Nous lisons à l'article 13 de la loi de décembre 1900 : « Le gouvernement interdira par décrets la fabrication et la vente de toute essence dangereuse et déclarée telle par l'Académie de Médecine ».

Ce n'est pas ici le lieu d'étudier cette question parce qu'elle sort du cadre de cette étude, et que, d'ailleurs, la loi n'a prononcé qu'une interdiction éventuelle, sans application possible pour le moment.

Observons, cependant, que le ministre des finances, interrogé au Sénat sur le point de savoir s'il interdirait l'absinthe, répondit que l'essence d'absinthe serait interdite, mais non l'absinthe elle-même. Il voulait ainsi maintenir la distinction qui existe entre les essences et les infusions aromatiques

L'article 4 de la loi du 26 mars 1872 a proscrit la fabrication en vue de la vente au public et aux liquoristes, de l'essence d'absinthe et déclaré qu'elle ne serait fabriquée et vendue qu'à titre de substance médicamenteuse.

Les distillateurs d'essences ne sont pas assujettis à la licence, mais uniquement à la patente de commerçants. Ils doivent déclarer les appareils qu'ils possèdent et qui seraient propres à la distillation de l'alcool.

CHAPITRE III

—

LES VENTES DE SPIRITUEUX

§ 1ᵉʳ. — Débitants

166. Les règles qui régissent les débitants de spiritueux ne diffèrent pas sensiblement de celles qui sont applicables aux débitants de boissons hygiéniques et la loi nouvelle a eu pour but de simplifier leur situation vis-à-vis du service de la régie par quelques mesures qu'elle édicte. (Voir 1ʳᵉ partie, nᵒˢ 51 et suiv.)

Les débitants sont soumis au paiement de la licence, qui est la même que celle qui frappe les débitants de boissons hygiéniques et dont le tableau figure à l'article 1, § 6, de la nouvelle loi.

167. Les débitants doivent nécessairement recevoir les spiritueux sous le lien d'un acquit-à-caution dans toutes les localités, et l'exigibilité des droits garantis par l'acquit-à-caution est fixée conformément aux indications de l'article 4 de la loi de 1900.

168. Dans les communes agglomérées où il existe une surveillance effective de nuit et de jour, les débitants de spiritueux, comme les débitants de vins, sont affranchis de l'exercice. Les droits ont été acquittés au moment de l'introduction et la régie n'a plus à se préoccuper du sort des spiritueux entrés en magasin, sinon que pour surveiller les enlèvements nouveaux qui s'effectueraient sans expéditions.

Seules, les visites ordinaires que nous avons détaillées à

la première partie subsistent pour surprendre les fraudes commerciales et fiscales.

169. Dans les communes où n'existe pas cette surveillance permanente et effective aux entrées et dans lesquelles les débitants sont autorisés à payer les droits portés sur l'acquit-à-caution dans la quinzaine qui suit le délai fixé pour le transport, ils ont un compte avec la régie, comme les marchands en gros, à raison des spiritueux. Ce compte se règle par la décharge de tout ce que les débitants ont vendu et livré hors de leur débit attesté par les expéditions dressées au moment de ces enlèvements et la décharge des manquants reconnus lors des vérifications et représentant la consommation sur place (art. 6, l. de 1900).

Il résulte de ces précisions que le débitant, non plus que le bouilleur de cru qui distille dans le rayon prohibé et le marchand en gros, ne bénéficie pas de la déduction de 20 litres pour la consommation familiale en franchise, ni de la déduction légale de 3 0/0 de la loi de 1824.

170. D'une façon générale, les règles que nous avons indiquées à la première partie pour les débitants de vins sont applicables aux débitants de spiritueux.

Ainsi, les débitants ne peuvent recéler des boissons dans leurs maisons ou ailleurs, et il est interdit à tous propriétaires ou principaux locataires de laisser entrer dans leurs immeubles des boissons appartenant aux débitants, si ces derniers ne sont locataires par acte authentique des lieux de dépôt autres que les magasins de vente (article 61, l. de 1816). Cette disposition n'a plus d'intérêt que pour les communes non pourvues à l'entrée d'une surveillance effective et permanente.

Les pertes accidentelles et les détériorations ne seront plus déchargées à leur profit (article 6 de la loi nouvelle).

La nécessité d'une caution pour les débitants possédant chez eux plus de 10 hectolitres d'alcool, quand elle est exigée par la régie, ne saurait aussi s'appliquer que dans les communes dépourvues de surveillance à l'entrée pour garantir le paiement des droits dans les quinze jours de délai.

Les débitants ambulants doivent, à toute réquisition des employés, exhiber des expéditions pour les boissons qu'ils transportent.

§ 2. — Marchands en gros de spiritueux

171. La nouvelle loi ne modifie la situation des marchands en gros qu'en ce qui concerne les droits de licence qui sont répartis d'après le chiffre de leurs ventes : 50 francs jusqu'à 100 hectos ; 75 francs jusqu'à 250 hectos ; 125 francs au-dessus de 250 hectolitres.

Elle réglemente le sort des excédents constatés à la balance finale du compte, qui donneront lieu à un procès-verbal et constitueront une contravention entraînant la confiscation et l'amende.

· Les manquants sont passibles du droit général de consommation (article 3, 1. du 24 juin 1824), au moment où la constatation en est faite, s'il s'agit d'excédents extraordinaires supérieurs au déchet légal, et en fin d'exercice, s'il s'agit de manquants ordinaires.

Il est tenu pour les marchands en gros de spiritueux un compte spécial à chaque nature d'alcool : alcool de vin et d'industrie. Chacune de ces espèces est régie distinctement et sans confusion possible par les règles qui précèdent, et un marchand en gros ne saurait compenser un manquant sur des alcools d'industrie par les excédents de sortie sur les alcools de vin, la régularité de la sortie de l'un n'impliquant pas la régularité de l'introduction de l'autre. (Montpellier, 21 juillet 1894).

172. Les marchands en gros de spiritueux jouissent d'une déduction pour consume, coulage, ouillage, soutirage et affaiblissement de degré fixée à 7 0,0 quand les alcools sont logés dans des fûts en bois et de 3 0/0 quand les entrepositaires utilisent des récipients autres que des fûts en bois (décret du 4 déc. 1872 ; art. 10 de la loi du 16 déc. 1897 ; art. 5, décret du 29 nov. 1898). Les manquants ne sont réglés qu'en fin d'année ou à la clôture des comptes avec imputation du taux de la déduction, selon la nature des récipients.

173. Dans les magasins des marchands en gros, les liqueurs, les fruits à l'eau-de-vie et les eaux-de-vie en bouteilles doivent être rangés distinctement, par degré et richesse alcoolique. Des étiquettes doivent indiquer d'une manière apparente le degré alcoolique (art. 7, loi du 26 mars 1872).

174. Les expéditions de spiritueux en cercles ne peuvent être faites que par quantités d'au moins 25 litres, avec déclaration quatre heures avant l'enlèvement (*eod.*).

La loi du 16 décembre 1897 détaille quelques obligations des marchands en gros de spiritueux :

Art. 7. — Les expéditeurs d'alcool, lorsqu'il s'agit de chargements supérieurs à un hectolitre (1 h.) d'alcool pur, sont tenus d'ajouter à leurs déclarations la désignation de la tare et du poids brut de chaque fût déclaré, avec le numéro du fût en regard, ainsi que la température à laquelle le degré alcoolique aura été constaté. — La pièce de régie qui accompagne la marchandise devra reproduire ces indications.

Art. 8. — Lorsque le chargement dépassera l'hectolitre en alcool pur pour les spiritueux, la régie exigera que l'acquit-à-caution délivré pour accompagner le chargement soit visé en cours de transport à un ou plusieurs bureaux des contributions indirectes, des douanes ou de l'octroi. Le défaut d'accomplissement de cette obligation entraînera la non-décharge de l'acquit-à-caution. — La déclaration d'enlèvement devra être faite au moins deux heures à l'avance et le service pourra apposer une vignette ou un scellement qui, sous les peines portées à l'article 1er de la loi du 28 février 1872, devra être présenté intact à l'arrivée. — Seront punies des mêmes peines toute déclaration d'enlèvement faite sous un nom supposé ou sous le nom d'un tiers sans son consentement, toute déclaration ayant pour but de simuler un enlèvement non effectivement réalisé (*V. Décr. 1er juin 1898, art. 40*).

Art. 9. — La contenance des réservoirs d'une capacité supérieure à dix hectolitres (10 h.) destinés au transport de l'alcool sur les voies ferrées ou par bateaux devra être déclarée au bureau de la régie et gravée ou peinte, d'une manière apparente, sur chacun d'eux, avant qu'il puisse en être fait usage. Cette contenance sera mesurée dans les conditions déterminées par les articles 117 et 118 de la loi du 28 avril 1816.

Art. 10. — En ce qui concerne les alcools logés dans des récipients autres que les fûts en bois, la déduction allouée par l'article 1er du décret du 4 décembre 1872 est fixée à trois pour cent (3 p. 100).

Quand les déchets résultant de la fabrication des extraits alcooliques, de liqueurs et de la préparation de fruits à l'eau-de-vie ne sont pas couverts par la déduction ordinaire pour ouillage, coulage, soutirage ou affaiblissement de degré, les liquoristes et marchands en gros et les fabricants d'eaux de senteur obtiennent à cet égard un supplément de déduction. — Ce supplément est réglé, lors de chaque recensement, dans la limite de trois pour cent (3 p. 100) des quantités d'alcool afférentes aux extraits alcooliques, aux liqueurs et aux fruits ou jus de fruits à l'eau-de-vie, fabriqués par distillation ou par infusion depuis le recensement précédent.

Les dispositions qui précèdent sont applicables aux fabricants de bitters, d'absinthes et de produits similaires et analogues.—Les fabrications des industriels doivent, à cet effet, être précédées de déclarations et sont suivies à des comptes distincts.

Le régime de l'admission temporaire créé par l'article 5 de la loi du 5 juillet 1886 sera rendu applicable, en ce qui concerne les droits intérieurs généraux et locaux, aux eaux-de-vie, esprits et autres alcools de toute origine introduits dans Paris pour y être transformés en spiritueux composés. — Les négociants admis au bénéfice de ce régime auront droit à des déductions pour ouillage, coulage, affaiblissement de degré et déchets de fabrication. — Un règlement d'administration publique déterminera la condition d'application du présent article et des articles 7, 8 et 9.

Les autres règles que nous avons exposées à propos des marchands en gros de boissons hygiéniques s'appliquent aux marchands de spiritueux et notamment toutes celles relatives à l'obligation de représenter les expéditions, de déclarer l'arrivée des marchandises, d'attendre l'expiration des délais avant de couper ou mélanger les boissons de nouvelle venue, l'exercice et les visites, etc.

174 bis. A l'*importation*, les eaux-de-vie et alcools, seuls ou en mélange avec des produits dans la composition et la fabrication desquels entre l'alcool, payent 80 francs au tarif général et 70 francs au tarif minimum.

Les liqueurs fabriquées sont tarifées à raison de 90 fr. au premier tarif et 80 francs au second ; le tout à l'hecto-litre d'alcool pur, non compris les taxes intérieures (loi du 11 janvier 1892).

A l'*exportation*, les alcools sont affranchis des droits de consommation, moyennant l'accomplissement des forma-lités que nous avons examinées à propos des vins.

§ 3. — DES LIQUORISTES

175. Les liquoristes qui préparent les liqueurs compo-sées de spiritueux et d'infusions ou d'essences aromatisées avec ou sans sirops, ainsi que les fruits à l'eau-de-vie, sont divisés en deux catégories, au point de vue de la licence : les débitants-liquoristes, assimilés aux débitants de spiri-tueux, et les liquoristes, qui sont assimilés aux marchands en gros.

C'est la loi IV du 24 juin 1824 qui régit les liquoristes d'une façon plus spéciale, en leur laissant le choix de se faire délivrer une licence de débitant ou de marchand en gros, à leur choix. La loi du 16 décembre 1897 et les décrets des 29 novembre 1898 et 18 janvier 1900 complètent leur réglementation.

Ils sont tenus à la déclaration préalable.

Dans leurs magasins, les bouteilles doivent être étique-tées, comme nous l'avons dit pour les marchands en gros.

Ils ne peuvent faire d'expéditions en cercles inférieurs à 25 litres.

Ils bénéficient d'un double taux de déduction légale, qui comprend la déduction des marchands en gros, varia-ble selon que les spiritueux sont enfermés ou non dans des fûts en bois et, en outre, si leurs déchets ne sont pas suffi-samment couverts par cette déduction normale, il leur est

accordé, lors de chaque recensement, dans la limite
de 3 0/0, une autre déduction des quantités d'alcool afférentes aux extraits alcooliques, aux liqueurs et aux fruits
à l'eau-de-vie ou jus de fruits à l'eau-de-vie, fabriqués par
distillation ou par infusion depuis le recensement précédent, moyennant l'accomplissement des formalités indiquées à l'article 6 du décret du 29 novembre 1898.

(*Voir ci-dessus, n° 174, art. 10, § 2, l. du 16 déc. 1897.*)

Il en est de même pour les fabricants de bitters, absinthes et autres produits analogues.

La contenance des alambics et celle des vaisseaux de
fabrication doivent être déclarées, reconnues, marquées et
complétées par l'indication d'un numéro d'ordre pour chacun des alambics et vaisseaux, numéro reproduit sur les
récipients en caractères apparents et indélébiles.

Les fabrications doivent être déclarées une heure au
moins à l'avance, énoncer le numéro d'ordre des alambics
ou vaisseaux dans lesquels le versement doit être effectué ;
la situation des alambics ou vaisseaux, s'ils n'ont pas été
précédemment vidés ; les quantités d'esprit en nature (volume, degré, alcool pur) qui seront versées directement dans
chacun des alambics ou vaisseaux servant aux opérations
de fabrication ; l'heure à laquelle commencera, et l'heure
à laquelle s'achèvera la fabrication. Ils peuvent être autorisés à consigner eux-mêmes toutes ces déclarations sur
un registre fourni par l'administration et qui est coté et
paraphé par le chef local.

Ils sont admis au bénéfice du régime de l'admission
temporaire dans les conditions énumérées au décret du
19 janvier 1900.

TROISIÈME PARTIE

POURSUITES — CONTRAVENTIONS
PROCÉDURE — PÉNALITÉS
PRESCRIPTION — TRANSACTIONS

CHAPITRE PREMIER

POURSUITES EN PAIEMENT DES DROITS

176. La régie fixe et détermine, de sa propre autorité en cas de contestation avec les assujettis, et en se conformant aux tarifs établis, le quantum des droits exigibles (art. 63 de la loi du 22 frimaire an VII); aussitôt après, sur refus de l'assujetti de déférer à un avertissement, elle délivre une contrainte signée par le directeur ou le receveur, visée et déclarée exécutoire par le juge de paix du lieu du bureau; elle est signifiée et devient exécutoire nonobstant opposition (art. 64 même loi et art. 45 décret du 1er germinal an XIII), sans que le juge des référés puisse en suspendre l'exécution s'il n'y a plainte en faux principal contre les mentions des registres des employés (art. 1319 C. civ.).

La consignation du droit simple par l'assujetti donne à son opposition un effet suspensif pour le surplus, en matière d'acquits-à-caution (décret du 22 août 1791, art. 33 et art. 230 loi de 1816).

L'exécution de la contrainte ne met pas obstacle à ce que le contribuable qui a acquitté l'impôt au-delà du tarif légal puisse former une demande en restitution de droits dans les six mois, portée devant les tribunaux civils, instruite par écrit, sans ministère d'avoué, sans plaidoirie, en chambre du conseil et jugée en audience publique, sur conclusions du ministère public et rapport d'un juge (loi du 5 ventôse an XII, art. 88 ; — 22 frimaire an VII, art. 65 ; — 27 ventôse an IX, art. 17).

Les jugements rendus sur le fond des contestations sont en dernier ressort et ne sont susceptibles que du recours en cassation (Cass., 30 décembre 1873).

177. La régie peut employer la voie de la contrainte dans tous les cas où un droit est dû, notamment les droits constatés par exercice (art. 239, loi de 1816), et le montant des obligations souscrites par les redevables. Le montant des amendes que la loi prononce pour infraction au régime des boissons ne peuvent être poursuivies qu'en vertu des jugements — sauf le cas de transaction. Exceptionnellement, la voie de la contrainte est étendue aux doubles-droits et sextuples droits dus par les soumissionnaires d'acquits-à-caution (Cass., 12 mars 1890).

178. La contrainte a une existence propre et indépendante et constitue, quand elle est régulièrement décernée et signifiée à personne ou domicile, un titre exécutoire régulier et complet, distinct d'un exploit ou d'un commandement (Cass., 22 décembre 1874). Elle produit, dès lors, tous les effets d'un jugement, donne le droit de faire saisir les meubles et les immeubles du redevable, d'en poursuivre l'expropriation (Cass., 25 avril 1883), mais elle n'emporte pas hypothèque (Cass., 9 novembre 1880). Pour produire ce dernier effet, la régie doit faire valider sa contrainte en introduisant directement une instance contre le redevable par voie de requête en suivant les règles des contestations sur le fond.

179. Un privilège sur les meubles et effets mobiliers corporels ou incorporels des redevables est conféré à la régie pour les droits exigibles et non pour les amendes ni pour les frais de justice (Décr. du 1 germinal an XIII, art. 47), privilège qui frappe les biens des cautions comme ceux des redevables. S'il s'élève des contestations entre l'administration et des tiers quant au privilège, à son rang ou à son étendue, comme aussi quant aux meubles revendiqués par des tiers, elles doivent être suivies d'après les règles du droit commun.

La nature de ce privilège soustrait le Trésor, en matière de faillite, à l'application des règles commerciales et dispense la régie des formalités ordinaires de production, vérification et affirmation de créances, et les contestations ressortissent au tribunal civil ; — le concordat n'est pas opposable au Trésor public, mais le syndic, en toute hypothèse, resté le représentant du failli (Cass., 13 mars 1893), n'est pas engagé personnellement, à moins qu'il n'ait imprudemment distribué tous les fonds de la faillite aux créanciers au mépris des droits du Trésor (Cass., 24 juin 1889).

180. Les contestations sur le fond du droit sont celles qui s'élèvent au sujet du paiement des taxes, sur le principe de la redevance ou sur son taux, ou à raison des saisies.

Les poursuites pour contraventions sont, au contraire, portées devant le tribunal correctionnel, qui ne peut connaître des contestations sur le fond du droit et qui doit surseoir, s'il s'en élève devant lui (Cass., 9 déc. 1819).

181. L'opposition à contrainte doit être *motivée*, contenir assignation *à jour fixe*, choisi dans la huitaine, devant le tribunal civil du lieu où la contrainte a été décernée, avec élection de domicile dans la commune où siège le tribunal. — le tout à peine de nullité (Décr. du 1er germinal an XIII, art. 45).

Le jugement est suivi dans les formes indiquées ci-dessus n° 173 — quand même il s'agirait d'une instance en validité de saisie-arrêt vis-à-vis du saisi. Si ce débat s'engage vis-à-vis du tiers-saisi à raison de son affirmation, le droit commun reprend son empire.

Il n'y a jamais de jugement de défaut en matière d'opposition à contrainte, l'opposant étant en état de défense par son exploit d'opposition, qui est fait en la forme des assignations ordinaires.

182. PRESCRIPTION. — Les droits dont le recouvrement est confié à la régie se prescrivent — avant toute contrainte — par le délai d'un an (art. 5, décret du 1er germinal an XIII), qui court du jour de l'exigibilité du droit, ou du jour où la constatation, qui avait été empêchée par des actes et manœuvres frauduleux, a pu s'effectuer (Cass., 14 juin 1880).

Pour les droits dont le recouvrement est subordonné à un arrêté de compte en fin de campagne, la prescription ne commence à courir que de la date de l'arrêté de compte.

En matière d'acquits-à-caution, si le certificat de décharge n'est pas représenté, l'action de la régie contre l'expéditeur devra être intentée, sous peine de déchéance, dans le délai de quatre mois à partir de l'expiration du délai fixé pour le transport (loi du 21 juin 1873, art. 8) — Ce délai est réduit à quarante jours en matière d'acquits-à-caution recommandés accompagnant les spiritueux (art. 3, §2, loi de déc. 1900).

Lorsqu'une contrainte a été régulièrement décernée, la durée de la prescription est portée à 30 ans, comme en matière de droit commun, vis-à-vis du redevable et de sa caution.

183. Les demandes en restitution de droits se prescrivent au profit de la régie par le délai de six mois du jour de l'illégale perception ou du jour de la souscription d'une obligation cautionnée. Ce délai n'est pas franc, l'article 1033 C. pr. civ. n'étant pas applicable aux matières des contributions indirectes.

CHAPITRE II

DÉLITS ET CONTRAVENTIONS
POURSUITE

184. Les contraventions aux lois fiscales ne peuvent être poursuivies que par la régie, qui a le droit de s'abstenir ou de transiger : mais quand la peine de l'emprisonnement peut être encourue, le ministère public recouvre son droit d'initiative (Cass., 18 janvier 1828 ; 11 déc. 1875), sauf aux agents à se concerter avec le représentant du parquet pour agir concurremment et simultanément.

Le tribunal compétent est le tribunal correctionnel, — sauf le cas où la poursuite pour contravention fiscale serait dirigée contre un magistrat que sa qualité rend justiciable de la Cour d'appel (Cass., 7 mars 1896).

185. PROCÈS-VERBAUX. — Les procès-verbaux des agents de la régie servent de base aux poursuites fiscales (Cass., 1er déc. 1888), excepté quand il s'agit de poursuites exercées par le ministère public, par application de l'article 12 de la loi du 21 juin 1873, — excepté encore quand il s'agit d'infractions aux règlements d'octroi qui peuvent être prouvés par témoins (Cass., 14 mars 1835).

Nonobstant la nécessité d'un procès-verbal servant de base à la poursuite, les juges peuvent motiver leur décision en s'appuyant sur les éléments de preuves fournis par les débats (Cass., 30 déc. 1876 ; 30 juillet 1880).

Aucun délai n'étant fixé pour la rédaction des procès-verbaux, ils peuvent être rédigés tant que l'action n'est pas prescrite (Cass., 30 juillet 1880).

186. Les procès-verbaux peuvent être dressés par les agents des contributions indirectes, les employés de l'octroi, les préposés des douanes, les gendarmes, les agents de l'administration des finances, des ponts et chaussées, de la navigation et des chemins vicinaux autorisés par la loi à dresser des procès-verbaux (L. 28 février 1872, art. 5).

Un procès-verbal dressé par toute autre personne serait nul et sans valeur.

La forme des procès-verbaux est assujettie aux prescriptions édictées par le décret de germinal an XIII. pour les agents des contributions indirectes, et, pour les autres agents verbalisateurs, aux prescriptions de leurs services propres.

Nous allons nous occuper exclusivement des procès-verbaux dressés par les agents de la régie.

187. Suivant qu'un procès-verbal est signé par un ou deux employés, il fait foi jusqu'à inscription de faux ou seulement jusqu'à preuve contraire.

Voici les mentions que doit contenir ce document dont nous soulignons celles qui sont substantielles : il doit énoncer *la date* et la cause de la saisie, la déclaration qui en aura été faite au prévenu, *les noms, qualités et demeures des saisissants* et de celui chargé des poursuites, *l'espèce, poids ou mesure des objets saisis, la présence de la partie à leur description, ou la sommation qui lui aura été faite d'y assister,* le nom et la qualité du gardien, s'il y a lieu, *le lieu de la rédaction du procès-verbal et l'heure de sa clôture* (décr. de germinal an XIII, art. 21).

Si le prévenu est présent, le procès-verbal énoncera qu'il lui en *a été fait lecture et copie ;* en cas d'absence du prévenu, la copie *sera affichée, dans le jour* (24 heures), à la porte de la mairie du lieu de la saisie, même les jours fériés, à moins que les rédacteurs ne préfèrent *signifier à personne ou domicile dans le même délai.*

188. Le procès-verbal ne reçoit sa perfection définitive que par *l'affirmation* devant l'un des juges de paix établis dans le ressort du tribunal qui doit connaître de la poursuite : et ce, dans les trois jours de la clôture ; l'affimation énoncera qu'il en a été *donné lecture* aux affirmants. — Il fait foi, dès lors, jusqu'à inscription de faux des faits matériels constitutifs de la contravention (*eod.* article 25, 26) constatés par l'usage des sens ou par des moyens propres à en vérifier l'exactitude, et des aveux des contrevenants y consignés.

La nullité du procès-verbal ne peut être prononcée pour d'autres motifs que l'omission d'une formalité prescrite par les cinq articles 20 à 25 du décret de germinal an XIII.

Si la saisie est jugée mal fondée, la régie peut subir une condamnation aux frais et à une indemnité (art. 29, *eod).*

189. L'action fiscale dont le procès-verbal constitue la base peut s'éteindre, avant d'être portée devant le tribunal correctionnel : 1° par l'expiration du délai de trois mois, à dater de la clôture du procès-verbal, pour les prévenus libres, et du délai d'un mois, pour ceux qui sont en état de détention ; 2° par l'expiration du délai de trois ans, s'il s'agit de délits prévus et reprimés par l'article 12 de la loi du 21 juin 1873 (fraude avec engins ou cachée sous les vêtements) ; 3° par le décès du prévenu avant jugement définitif ; l'action est éteinte à l'encontre des héritiers en ce qui touche les amendes, mais non la confiscation (Cass. 16 décembre 1898) ; 4° par transaction ; 5° par l'interruption des poursuites pendant trois ans (Cass., 11 juin 1829. C. inst. cr., art. 637, 638).

190. C'est le tribunal correctionnel du lieu de la saisie qui est compétent, à l'exclusion du tribunal civil, quand même le procès verbal aurait été spontanément abandonné par la régie (Montp., 3 janvier 1888). Il est saisi par une citation qui doit revêtir les formalités de ces exploits et qui peut être délivrée par les commis et agents de l'administration. La décision qui intervient, si elle est par défaut,

peut être frappée d'opposition ou déférée directement
à la juridiction d'appel, dans les délais. Les délais d'opposition sont fixés à cinq jours, non francs, à partir de la no-
tification faite à personne ou domicile, outre un jour *par
cinq* myriamètres de distance. L'opposition doit être noti-
fiée tant au ministère public qu'à la partie civile (187, 188,
C. ins. cr.). Il en est de même des arrêts par défaut (art.
108, *eod.*).

L'opposition emporte de droit citation à la première
audience utile.

191. L'appel doit être notifié dans la *huitaine* de la signi-
fication du jugement, par exploit signifié à la régie et non
par déclaration au greffe (art. 32, déc. de germinal, an XIII)
avec assignation à trois jours devant la Cour d'appel, outre
un jour par *deux* myriamètres de distance du domicile du
défenseur au chef lieu de la Cour d'appel. Ces délais sont
rigoureux et courent les jours fériés (Montp., 2 juillet 1887).

Les parties qui ont figuré aux jugements et arrêts peuvent se pourvoir en cassation dans le but de faire décider
si les juges ont exactement apprécié les conséquences
légales dérivant des faits reconnus ou si ces faits ont reçu
leur véritable qualification.

Le pourvoi, de même que l'appel, a un effet suspensif.

Le délai du pourvoi est de *trois jours* après celui où son
arrêt aura été prononcé au demandeur en cassation. Ce
délai est franc et le jour de la prononciation du jugement,
non plus que le dernier jour du délai, ne sont comptés.

Le pourvoi est formé uniquement par déclaration au
greffe de la juridiction qui a prononcé, par le condamné,
son avoué, ou un mandataire spécial, ou par un employé
de l'administration. Cette dernière doit signifier aussitôt
aux parties adverses le pourvoi qu'elle a formé.

192. PÉNALITÉS. — Les pénalités établies par les lois
antérieures ont été aggravées par la nouvelle loi dans son
article 14, ainsi :

1° Contraventions aux prescriptions des articles :

5. (*Refus des visites par les débitants de spiritueux dans les communes non surveillées à l'entrée.*)

6. (*Excédents chez les débitants de spiritueux.*)

7. (*Excédents chez les marchands en gros de spiritueux.*)

Ces contraventions sont passibles des peines édictées par l'article 1 de la loi du 28 février 1872, qui applique une amende de 500 à 5.000 francs et la confiscation des boissons saisies.

2° Les contraventions aux mêmes dispositions, lorsqu'elles concernent des vins, cidres, poirés et hydromels et, en outre, les contraventions à l'article :

8. (*Récoltant qui vend au détail sans déclaration préalable et sans licence ; toute personne qui fabrique des boissons hygiéniques en vue de la vente, sans déclaration ni licence, et qui se fait expédier des vendanges en vue de ces fabrications autrement que par acquit-à-caution.*)

sont passibles des peines portées à l'article 7 de la loi du 21 juin 1873, qui prononce une amende de 200 à 1.000 francs, indépendamment de la confiscation des boissons saisies.

3° Les contraventions aux articles :

9. (*Préparation de macérations et fermentation de matières sucrées en vue de la distillation, ou exécution d'opérations chimiques tendant à produire de l'alcool, sans déclaration préalable.*)

10. (*Récoltants qui distillent dans le rayon prohibé ; qui font usage d'appareils continus ou pouvant distiller plus de 200 litres de liquide fermenté par 24 heures, ou d'appareils non ambulants chauffés à la vapeur d'une capacité supérieure à 5 hectolitres, ainsi que d'alambics ordinaires de capacité supérieure à 5 hectolitres ; bouilleurs de crus qui auront enlevé ou laissé enlever de chez eux des spiritueux sans expédition régulière.*)

11. (*Distillateur ambulant qui tient inexactement son cahier-journal.*)

12. (*Détenteur, fabricant ou marchand d'appareils distillatoires qui ne font pas les déclarations prescrites.*)

Ces contraventions entraînent une amende de 500 à 5.000 fr., indépendamment de la confiscation des appareils et boissons saisies et du remboursement des droits fraudés.

En cas de récidive, les amendes sont portées au double.

193. Complicité.— Toutes ces peines seront applicables aux personnes convaincues d'avoir facilité la fraude ou procuré sciemment les moyens de la commettre. C'est à la régie qu'incombe la preuve des moyens de complicité qu'elle allègue.

En matière de spiritueux, et d'après l'article 10, § 11, la complicité est établie par le seul fait que le récoltant bouilleur de cru ne s'est pas assuré, avant de laisser enlever les marchandises, que les déclarations et formalités nécessaires avaient été accomplies. Mais il appartiendra toujours à la régie d'établir, en fait, le lieu de provenance des spiritueux enlevés en fraude.

194. De l'arrestation des contrevenants. — En matière de contributions indirectes, l'arrestation préventive et la détention présentent les caractères de l'exercice anticipé de la contrainte par corps. Elle n'était autorisée, en ce qui concerne les boissons, que pour la fraude pratiquée par escalade, par souterrain ou à main armée ; elle fut étendue, par l'article 12 de la loi du 21 juin 1873, au cas de fraude dissimulée sous les vêtements ou pratiquée au moyen d'engins disposés pour le transport frauduleux, à l'introduction ou dans le rayon déclaré suspect par cet article (10 et 5 kilomètres), et pour la distillation et revivification des alcools dénaturés.

La loi du 29 décembre 1900 a étendu l'arrestation préventive à la fabrication clandestine de l'alcool ainsi qu'à la fabrication, par un bouilleur de cru avec des appareils prohibés, des spiritueux, aussi bien qu'au transport de l'alcool sans expédition ou avec une expédition altérée ou obtenue frauduleusement. C'est un moyen d'étouffer la contrebande qui affligeait les grandes routes et les centres de consommation.

Les particuliers trouvés en fraude dans les circonstances sus-relatées seront arrêtés et constitués prisonniers, conduits sur-le-champ devant un officier de police judiciaire, ou remis à la force armée, qui les conduira devant le juge

11

compétent, lequel statuera de suite, par une décision motivée, sur l'emprisonnement ou la mise en liberté ; la détention continuera néanmoins contre le prévenu trouvé porteur
d'alcool, jusqu'à ce qu'il ait acquitté le montant des condamnations prononcées contre lui. Pour les autres cas, le
détenu sera mis en liberté par le juge d'instruction, s'il
offre bonne et valable caution de se représenter en justice
et d'acquitter l'amende encourue, ou s'il consigne ladite
amende (art. 222, 223, 224, 225 de la loi de 1816).

195. Circonstances atténuantes. — Il ne saurait être
question que de circonstances atténuantes et de l'application de l'article 463 du Code pénal, mais jamais de sursis à
l'exécution de la peine, la loi du 16 mars 1891, dite loi de
sursis, étant inapplicable, en matière fiscale, à la confiscation
et aux amendes, mais seulement aux condamnations encourues sur la poursuite du ministère public (Cass. 19
novembre 1891 ; — 22 et 29 décembre 1897).

L'article 19 de la loi du 29 mars 1897 avait étendu à toutes les matières de contributions indirectes l'application
facultative pour les tribunaux des circonstances atténuantes et la loi du 29 décembre 1900 fait rentrer ses dispositions sous l'application de la loi de 1897. Elles ne sont
accordées par les tribunaux qu'autant : 1° qu'il n'y a pas
récidive dans le délai de trois ans; 2° les tribunaux sont
autorisés à les accorder lorsque la bonne foi du contreve-
nant sera dûment établie et en motivant expressément leur
décision sur ce point.

Elles auront pour conséquence de modérer le montant
des amendes et de libérer le prévenu de la confiscation par
le paiement d'une somme que le Tribunal déterminera, sans
qu'elle puisse se trouver inférieure au montant des droits
fraudés. La confiscation des objets, ustensiles, appareils
et engins prohibés ne peut être éludée.

Nota. La bonne foi ne dépend pas de l'existence ou de
l'inexistence d'antécédents, ni du repentir proféré, elle s'entend, en ces matières, d'un individu qui a pu contrevenir à

la loi par erreur ou qui se trouve impliqué malgré lui dans une contravention (Montpellier, 21 juin 1898. — Toulouse, 16 février 1898).

Les dispositions qui précèdent n'ont pas changé le caractère et la nature juridique des amendes fiscales, qui constituent des réparations civiles (Cass. 5 mai 1898).

196. DES TRANSACTIONS. — Leur réglementation remonte au décret du 5 germinal an XII, modifié par le décret du 1er novembre 1895.

Les transactions sont définitives :

1° Avec l'approbation des directeurs de département lorsque les condamnations, confiscation et amendes, encourues, ne dépassent pas 1.000 francs ;

2° Avec l'approbation du directeur général lorsque les condamnations encourues s'élèvent de 1.000 à 3 000 francs ;

3° Au-dessus de 3.000 francs, la décision appartient au ministre.

Les transactions peuvent intervenir avant la poursuite et après les jugements, la régie restant maîtresse absolue de ses droits.

Elles sont sans valeur et restent à l'état de projet tant qu'elles n'ont pas reçu l'approbation des personnes plus haut désignées.

Elles ont, une fois régularisées, l'autorité de la chose jugée entre les parties et jugée en dernier ressort.

Dans les transactions, la base de calcul est le minimum de l'amende encourue et, si l'affaire est commune à la régie et à l'octroi, on compte les deux amendes.

Si le redevable refuse d'exécuter la transaction, la régie peut en poursuivre l'exécution devant le Tribunal civil, conformément aux articles 1931 Code proc. civ., ou former devant le Tribunal une demande en rescision de la transaction (art. 1181 Code civ.) et donner suite aux poursuites correctionnelles.

SUPPLÉMENT

Cette brochure était imprimée quand l'*Officiel* a publié, dans son numéro du 29 janvier 1901, deux arrêtés ministériels relatifs aux brasseries, que nous donnons en supplément pour présenter à nos lecteurs l'état complet de la législation et de la réglementation sur les bières. Ces deux arrêtés devraient figurer à la page 48, entre les n°s 13 et 14.

I. — *Arrêté du 24 janvier 1901 pris en exécution du décret du 30 mai 1899, art. 20, §§ 7 et 8.*

ARTICLE PREMIER. — Pour déterminer le rendement en degrés-hectolitres des maltose, maltine, sucs végétaux et autres substances sucrées analogues, introduites en brasserie, le service des contributions indirectes doit suivre la méthode indiquée ci-après :

Faire dissoudre 100 grammes du produit dans 75 à 80 centilitres d'eau distillée. La dissolution opérée, compléter le volume à un litre, mesuré à la température de 15 degrés, et évaluer à cette même température l'indication donnée par le densimètre.

Cette indication fournit, en degrés-hectolitres et en dixièmes de degré, le rendement afférent à 10 kilogrammes du produit essayé.

ART. 2. — Le présent arrêté sera publié au *Journal Officiel* et notifié à M. le directeur général des contributions indirectes, qui est chargé d'en assurer l'exécution.

II. — *Arrêté du 21 janvier 1901 et tableau annexe pris en exécution du décret du 30 mai 1899, déterminant la marche à suivre pour reconstituer la densité originelle à l'état de moûts des bières destinées à l'exportation.*

ARTICLE PREMIER. — Pour rechercher la densité originelle des bières à l'état de moûts, le mode opératoire indiqué ci-après doit être suivi :

A. — Mesurer exactement à la température de 15 degrés, dans une fiole jaugée, 250 centimètres cubes de bière ;

Transvaser ces 250 centimètres cubes de bière dans un ballon en verre de 500 centimètres cubes, laver à deux reprises la fiole avec 10 centimètres cubes d'eau distillée et joindre ces eaux de lavage à la bière ;

Relier le ballon à un serpentin maintenu dans l'eau froide ; chauffer avec lenteur, surtout au début, pour empêcher la mousse de déborder ;

Recueillir le liquide qui distille dans la fiole jaugée, arrêter la distillation lorsque le volume atteint 170 à 175 centimètres cubes ; compléter le volume de 250 centimètres cubes, à la température de 15 degrés, avec de l'eau distillée ;

Agiter, verser le liquide dans une éprouvette en verre de 30 centimètres de hauteur et de 36 millimètres de diamètre, prendre le titre à 15 degrés au moyen de l'alcoomètre divisé en 1/5 de degré ;

Noter le degré à cette température et le rapprocher de la table C annexée au présent arrêté ; le chiffre correspondant représente la densité ou poids spécifique du moût transformé en alcool.

B. — Verser dans la fiole de 250 centimètres cubes le résidu de la distillation qui se trouve dans le ballon ; laver le ballon deux ou trois fois avec 10 centimètres cubes ou 15 centimètres cubes d'eau distillée et compléter le volume de 250 centimètres cubes à 15 degrés ;

Agiter, verser le liquide dans l'éprouvette ;

Plonger dans ce liquide à 15 degrés le densimètre et noter le degré à cette température.

C. — Ajouter à la densité trouvée, d'après la table C, pour le produit de la distillation, le degré qu'accuse au densimètre le résidu de la distillation ; la somme de ces deux chiffres représente la densité originelle ou le poids spécifique originel de la bière essayée.

TABLE C. — *Indiquant la correspondance entre la force alcoolique des bières et le poids spécifique de la portion des moûts primitifs transformés en alcool. (Annexe à l'arrêté ministériel du 21 janvier 1901.)*

DEGRÉS alcooliques des bières	DEGRÉS au-dessus de 100e du poids spécifique primitif du moût transformé	DEGRÉS alcooliques des bières	DEGRÉS au-dessus de 100e du poids spécifique primitif du moût transformé	DEGRÉS alcooliques des bières	DEGRÉS au-dessus de 10e du poids spécifique primitif du moût transformé	DEGRÉS alcooliques des bières	DEGRÉS au-dessus de 100e du poids spécifique primitif du moût transformé
0.1	0.04	3.1	1.78	6.1	3.74	9.1	5.64
0.2	0.09	3.2	1.84	6.2	3.81	9.2	5.71
0.3	0.14	3.3	1.91	6.3	3.88	9.3	5.77
0.4	0.19	3.4	1.97	6.4	3.95	9.4	5.83
0.5	0.24	3.5	2.03	6.5	4.02	9.5	5.88
0.6	0.28	3.6	2.10	6.6	4.08	9.6	5.94
0.7	0.33	3.7	2.16	6.7	4.15	9.7	6.00
0.8	0.39	3.8	2.22	6.8	4.21	9.8	6.07
0.9	0.44	3.9	2.29	6.9	4.27	9.9	6.13
1.0	0.50	4.0	2.34	7.0	4.34	10.0	6.19
1.1	0.55	4.1	2.41	7.1	4.40	10.1	6.26
1.2	0.61	4.2	2.48	7.2	4.47	10.2	6.33
1.3	0.66	4.3	2.54	7.3	4.52	10.3	6.38
1.4	0.72	4.4	2.61	7.4	4.58	10.4	6.44
1.5	0.78	4.5	2.67	7.5	4.64	10.5	6.51
1.6	0.84	4.6	2.74	7.6	4.70	10.6	6.57
1.7	0.90	4.7	2.79	7.7	4.76	10.7	6.63
1.8	0.96	4.8	2.86	7.8	4.82	10.8	6.70
1.9	1.02	4.9	2.92	7.9	4.88	10.9	6.76
2.0	1.09	5.0	2.98	8.0	4.95	11.0	6.82
2.1	1.15	5.1	3.05	8.1	5.01	11.1	6.89
2.2	1.22	5.2	3.12	8.2	5.08	11.2	6.96
2.3	1.28	5.3	3.18	8.3	5.15	11.3	7.02
2.4	1.35	5.4	3.25	8.4	5.21	11.4	7.09
2.5	1.41	5.5	3.32	8.5	5.27	11.5	7.16
2.6	1.48	5.6	3.39	8.6	5.34	11.6	7.23
2.7	1.53	5.7	3.46	8.7	5.40	11.7	7.29
2.8	1.60	5.8	3.53	8.8	5.47	11.8	7.36
2.9	1.66	5.9	3.60	8.9	5.53	11.9	7.43
3.0	1.72	6.0	3.67	9.0	5.59	12.0	7.50

TABLE MÉTHODIQUE DES MATIÈRES

(Les premiers chiffres renvoient aux numéros)

www.ingramcontent.com/pod-product-compliance
Lightning Source LLC
Chambersburg PA
CBHW070512200326
41519CB00013B/2782